위기주도학습법

RISK DRIVEN LEARNING

위기주도학습법

임현서 지음

STUDIO:ODR

위기주도학습법이 시급한가요?

다음 질문을 읽고 해당하는 부분에 ∨ 표시를 해보세요.

☐ 공부하기로 한 결심이 쉽게 흔들린다.

☐ 남들보다 의지력이 강하지 않다.

☐ 공부할 때 집중력이 쉽게 흐트러진다.

☐ 책을 몇 장 훑어보다가 금세 휴대전화를 들춰본다.

☐ 공부 빼고 다 재미있는 것 같다.
   (유튜브, 셀카, 카톡, 웹 서핑 등등)

☐ 공부를 제대로 해보고는 싶은데 어떻게 해야 할지 모르겠다.

☐ 공부 계획을 세우면 늘 작심삼일이다.

☐ 과제는 제출 기한이 임박해야 진도가 나간다.

☐ 공부법 책을 읽어본 적은 있는데 막상 실천하려면 어렵다.

☐ 공부해야 한다고 느끼긴 하는데 정확히 왜 해야 하는지 모르겠다.

∨ 표시가 5개 이상이라면, 지금 당장 이 책을 펼쳐 들고
'위기주도학습법'에 입문할 것을 추천합니다.

차례

들어가며 | 언제나 통하는 만능 공부법은 세상에 없다 011

1장

'공부법'에 의존하는 자의 최후

공부법을 따지기 전에, 충분히 공부하고 있는가? 019

게으르고 딴짓하기 좋아하는 것은 인지상정 024

공부 머리는 80%가 유전이라고? 032

공부를 많이 안 하는 게 제일 문제다 040

정신력과 의지에 기대서는 절대 공부를 잘할 수 없다 046

2장

공부 환경의 문제를 진단하는 법

당신은 여전히 공부하지 않을 것이다　053

무엇이 나의 공부를 방해하는가?　060

의지는 학습 능률을 절대 높이지 못한다　074

공부 방해 요소는 단칼에 제거하라　084

'할 수밖에 없는' 환경을 구축하라　094

3장

환경과 멘탈을 지배하는 위기주도학습법

공부하기 싫은 본능을 거스를 수 있을까?　109

코너에 몰리면 빡세게 하게 되어 있다　118

위기는 집중력을 높이는 최고의 수단이다　136

공부하지 않으면 손해 입을 상황을 만들어라　146

위기 조성 요건 3요소를 기억하라　154

4장

위기주도학습을 실천할 때 명심해야 할 것

나에게 맞는 위기 상황을 설계하라 181
아무리 훌륭한 설계라도 포기하면 끝이다 184
구체적 목표나 성과가 있을 때만 유효하다 188

나가며 | 인생에서 반드시 공부를 해야만 하는 때,
힘껏 앞으로 나아가시길 195

언제나 통하는
만능 공부법은 세상에 없다

공부 잘하는 사람은 많다. 매년 치러지는 수백 가지 시험과 고시마다 수석과 차석이 있어 그 사람들만 모아도 수천 명이고, 분야마다 최연소 합격자나 고시 3관왕 같은 각양각색의 타이틀을 가진 사람들까지 합치면 그 수가 더 많을 것이다.

그래서인지 시중에 깔린 공부법 책도 많다. 사실 공부법 책만큼 누가 썼는지가 중요한 책도 없다. 공부깨나 했다는 사람이 쓰지 않으면 아무도 그 내용을 신뢰하지 않아서다. 물론 공부를 잘했다고 다 공부법 책을 쓰는 건 아니다. 공부를 정말 잘했는데도 공부법 책 집필을 고사하는 고수들도 아주 많다. 필자 역시 공부에 관해 마땅히 내세울 만한 타이틀이 있는 것은 아니어서 이 책을 쓰기까지 많은 고민을 했다. 그런데도 이 책을 써야겠다고 결심한 건 내가 공부한 방법들은 특별히 나만 할 수 있는 방법이라기보다는 누구나 자기 상황에 따라 얼마든지 해볼 수 있어 그 방법을 나누면 좋겠다는 생각과 그동안 나온 공부법 책에서 강조했던 내용 중 개인적으로 아쉽다고 느낀 부분에 대해 허심탄회하게 이야기해보고 싶어서다.

공부법 책의 맹점은 독자 개개인에게 유익한 내용과 잘 팔리는 내용이 다를 수 있다는 것이다. 그동안 대단한 학업 능력과 성과를 보이는 사람들을 많이 만나봤지만, 공부를 특출하게 잘하는 사람들 중 극히 일부를 제외하고는 공부를 못하는 사람들을 제대로 이해하는 사람이 별로 없었다. 당연한 이야기이겠지만 그들은 공부 못하는 사람을 이해할 필요도 없고 그런 행위가 그들에게 의미도 없기 때문이다.

그럼에도 사람들은 공부 잘하는 이들의 성공담에 주목한다. 그들의 방법이 누구나 실천 가능하고 실현 가능한 것인지에 대한 근본적인 질문은 뒤로하고 말이다. 그래서 그들의 화려한 경험담과 눈부신 성과를 담은 책 역시 독자의 눈길을 끈다. 그렇지만 필자는 독자의 행동을 구체적으로 바꾸는 데 도움이 되지 않는 책이라면 그 공부법 책은 결론적으로 저자의 공허한 외침이고 자기 자랑에 불과하다고 생각한다.

이 책을 집필하고자 마음먹었을 때, 독자의 시간과 노력이 헛되지 않아야 한다는 강박을 느끼며 썼다. 공부법 책을 읽는 독자들은 누구일까? 저마다 사연은 다르겠지만 공부를 이미 만족스럽게 잘하고 있는 이들, 강인한 의지로 공부에 매진하고 있어서 공부법 책 따위에 시간을 할애할 여유가 없는 이들은 공부법 책을 쳐다보지도 않을 것이다. 아마 공부에 대해 나름의 고민이 있거나 갈망하는 바가 있는데 어떻게 해야 하는지 모르겠는 분들이 이 책을 펼치지 않을까.

앞서 말한 것처럼 필자는 이 책을 펼쳐볼 분들의 시간과 노력이 헛되지 않길 바라기 때문에, 필자의 성공 스토리나 며칠에 걸쳐 뒷부분까지 읽었을 때 앞부분은 까먹기 십상인 장황한 실천 방안은 이야기하지 않으려 한다. 무엇보다 공부는 주제마다 시험마다 종류가 원체 다양해서 왕도가 없고, 이 책에 학습과 관련된 오만 가지 방법을 써놔 봐야 대부분은 기억도 나지 않을 것이다. 해야 할 공부도 많은데 독자들이 공부법까지 공부하고 외워야 하는 비극을 겪지 않았으면 한다. 그래서 다음을 읽고 이 책의 주요 내용이 무슨 의미인지 명확히 이해된다면 이 책은 굳이 더 읽을 필요가 없다.

첫째로 너무 당연한 이야기인데, 공부를 잘하든 못하든 대부분의 인간은 본능적으로 누구나 유혹에 빠질 수 있다. 당연히 이 글을 읽고 계시는 독자 분들도 예외는 아니다. 둘째로는 유혹에 빠지면 우리는 보통 의지가 약한 인간의 굴레에서 벗어나고자 셀프 정신 개조를 하려고 하는데, 차라리 그보다는 본인의 주변 환경, 생활 방식을 구조적으로 개선하는 것이 더 효과적일 수 있다는 것이다. 셋째로 사람은 위기에 닥치면 무엇이라도 하게 되어 있는데, 이는 공부할 때도 마찬가지다. 공부하지 않으면 위기에 빠질 수 있다는 것을 이용하여 능동적으로 공부하는 습관을 들이는 것, 학습하는 과정마다 구조적으로 위기를 조성함으로써 학습 능률을 올리는 것, 이것이 이 책에서 말하고자 하는 '위기주도학습'의 전부라고 해도 과언이 아니다. 이 책은 온통 이 3가지 내용에 대해서만 이야기하다가 끝날 것이다.

좀 더 솔직히 말하면 대부분의 학생이 까무러칠 만큼 공부를 열심히 하는데도 불구하고 공부법을 몰라서 공부를 못하는 것일까? 그렇지 않다는 것을 스스로 잘 알고 있을 것이다. 공부해야 하지만 농땡이를 피우는 사람도 공부하게 만드는 것이 이른바 공부법의 가장 큰 과제이다. 그렇다고 농땡이를 피우고자 하는 마음을 고쳐먹고 막무가내로 정신력을 다져야 한다고 이야기하려는 것이 아니다. 이 책에서는 단순히 의지를 다져야 한다고 촉구하는 것이 아닌 개인을 둘러싼 구조적 환경을 개선하여 스스로 공부하게끔 행동을 설계하고 개조하는 해결 방안을 제시하고자 한다.

마음가짐만 바꾸면 많은 것을 달라지게 할 수 있다. 그러나 그 '마음가짐'이란 역설적이게도 그 마음가짐을 바꾸겠다고 '마음만' 먹는다고 해서 쉽게 바뀌는 것이 아니다. 이 책에서 필자는 평범한 사람도 공부에 열중할 수 있게끔 방법을 찾고자 그 자체로 모순적인 듯한 앞의 진술을 참으로 받아들이고, '마음가짐'을 옭아맬 수 있는 강력한 통제 장치를 찾기 위한 논리를 펼쳐나갈 것이다.

여기까지 읽고 무슨 의미인지 알겠다면 어서 책을 덮으시라. 이 책은 필자의 공부 자랑이나 하고자 집필한 것이 아니다. 오직 독자에게 긍정적인 변화를 일으키고자 하는 목적만으로 쓴 책이다. 그러나 여기까지 읽고도 무슨 내용인지 전혀 감이 안 온다면, 구체적으로 어떻게 하라는 것인지 모르겠다면 얼른 읽고 치워버리는 것을 목표로 필자의 애타는 호소에 귀 기울여 주시라.

1장

'공부법'에
의존하는 자의 최후

공부법을 따지기 전에,
충분히 공부하고 있는가?

지난 2년여 동안 틈틈이 운영하던 유튜브 채널에 다양한 영상을 올렸다. 주제를 불문하고 되도록 구독자들에게 도움이 되는 영상을 올리고 싶었지만 정작 그들이 내게 원하는 것은 '공부'에 관한 것이라는 걸 깨달았다. 그래서 공부와 관련된 영상을 하나둘씩 올리기 시작했다.

각양각색의 시험을 준비하는 수험생들의 숫자만 해도 수백만에 달하다 보니 구독자들에게 정말 다양한 요청을 받았다. 그들은 각기 다른 환경에서 공부하고 있어 학습할 때 겪는 어려움이나 필요한 사항들도 제각각이었다. 그래서 때로는 '공부법을 알려달라'는 막연한 질문을 던지는가 하면, '법학 과목 중 공법 과목의 공부법을 알려달라', '고등학교 수학 문제 풀 때는 어떤 생각을 하며 푸는 것이 도움이 되느냐', '서술형 문제를 잘 푸는 방법을 알려달라'와 같은 조금 더 구체적인 질문을 던지기도 했다.

공부법에 관해 이렇듯 다양한 질문이 등장하는 현상은 '공부법'이 그 자체로 얼마나 모호한 개념인지를 방증한다. 우리는 '공부법'이라는 커다란 개념 안에 수험생을 위한 생활 습관, 마음가짐, 교과목별 인지 학습전략, 시험 응시에 필요한 기술 등을 욱여넣고 손쉽게 그것들을 가지고 싶어 한다. 그래서 이러한 사람들의 욕구를 반영한 책들도 심심찮게 눈에 띈다. 하지만 안타깝게도 이 모든 것을 한 권의 책에 압축해서 넣는 것은 그 자체로 매우 어려운 일이다. 엄선하고 또 엄선해서 하나의 패키지로 만들어놓은들 독자의 상황에 따라서 어떤 내용은 불필요할 것이고 읽어봐야 소용도 없는 내용이 섞여 있기 마련이다. 식당에서 코스 요리를 시키면 먹기 싫은 음식이 종종 섞여 나올 때가 있지 않나. 이를 떠올리면 이해하기 쉬울 것이다.

사실 '공부법'을 궁금해하기에 앞서 우리가 주목해야 할 사실이 한 가지 있다. '공부법'이라고 불리는 이 모호한 개념 역시 다른 어떠한 분야의 노하우들이 그러하듯 자연스럽게 문제해결의 구조로 되어 있다는 것이다. 공부를 못하거나 덜 잘하는 상태가 문제라면, 이를 해결하여 결국에는 잘하는 상태로 나아가는 것이 공부법의 핵심인 셈이다. 물론 여기에서 공부를 잘한다는 것이 무엇인지 정의하는 일이 복잡하기는 하다. 하지만 단순하게 생각해보면, 일단 성적이 오르거나 낙방했던 시험에 합격하면 최소한 공부를 잘하지 못했던 때보다 확실히 더 잘하게 된 것이라고 할 수 있다. 그렇다면 결국 학습 과정에서의 문제해결 혹은 개선의 방법으로 가장 직관적인 것은 현재 문제가 되는 자신의 상태를 점검하고 이를 고쳐나가는 것이다. 여기서 수험생들이 그렇게 찾고 싶어 하는, 어떤 상황에서도 통하는 만능 공부법이 실재할 수 없는 이유가 확연히 드러난다. 사람마다 처한 문제 상황이 다른데 어떻게 해결책이 같을 수가 있겠나. 이것이야말로 모순인 셈이다.

공부를 못하는 이유는 평소 게을러서일 수도 있고, 생업에 종사하느라 공부할 수 있는 절대적인 시간이 부족해서일 수도 있으며, 건강이 나빠서일 수도 있고, 잘못된 선생님을 만나서일 수도, 심지어는 타고난 인지적 능력이 부족해서일 수도 있다. 교과목마다 성적이 들쑥날쑥한 까닭도 분명히 그런 다양한 이유가 있을 테고 말이다. 어쨌거나 결과적으로 어떤 공부든 그에 대한 개선의 여지와 구체적인 개선 방법이 제각각이라는 것만은 분명하다.

이 책은 학습 방법론 측면에서 봤을 때 어떤 상황에서나 통하는 만능 공부법을 다루진 않는다. 앞서 기술한 대로 그런 방법론은 애초에 없으니 말이다. 다만 필자가 생각하기에 수험생들이 겪는 비교적 보편적인 문제점에 대응할 수 있는 합리적인 대책을 이 책에서 논리적으로 설명해보고자 하였다. 보편적 문제를 다루려고 노력하다 보면 논의의 주제는 포괄적이고 방법의 구체성은 떨어져 보이는 측면이 있을 수 있다. 따라서 공부법을 두고 피곤하게 많은 고민과 사유를 하고 싶지 않고 그저 메모해두고 실천할 만한 행동 지침이나 많았으면 한 독자들에게는 달갑지 않은 전개일 수도 있다. 하지만 필자의 경험으로 미루어볼 때 그 어떤 방법론보다 자신에게 적합한 학습 방법을 찾아 나가는 데에 효과를 볼 수 있을 것이다.

역설적이게도 최고의 공부법을 찾는 첫걸음은 나 자신에게 관심을 가지고 나를 면밀하게 관찰하는 것이다. 내가 겪고 있는 문제 상황을 나보다 더 구체적으로 파악할 수 있는 사람은 없다. 그 구체적인 문제 상황을 해결하는 방법을 찾는 것이 최고의 공부법이라는 사실을 인지하는 것이 중요하다. 다시 한번 강조하건대 이미 만들어진 공부법 중에 내가 처한 구체적인 상황을 해결할 만한 적확한 공부법은 없다. 나의 문제 상황을 개선하고자 기존의 공부법을 취사선택하고, 다시 나에게 맞게 변형하고, 새롭게 만들어나갈 뿐이다. 자신의 문제점 혹은 문제라고 느끼지도 못하는 개선 이전의 상황을 객관적이고 구체적으로 파악하는 노력이 공부법 찾기의 첫 단추가 되어야 한다.

자, 이 지점에서 독자들에게 한 가지 묻고 싶은 것이 있다. 특히 스스로 공부가 잘 안 되어서 고민하는 독자들이나 자녀가 기대하는 학업성적을 거두지 못해서 고민인 학부모들에게 꼭 필요한 질문이다. 과연 나 혹은 자녀는 충분히 공부하고 있는가? 충분히 공부하고 있는데 단순히 방법만 잘못되었을 뿐인가? 이 질문에 진지하게 답해보고 현재 처한 상황을 되돌아봐야 할 것이다. 그리고 이 질문을 통해 자신의 문제가 뭔지 어렴풋이 알 것 같다면, 이제부터 좀 더 자세히 기술할 구조적 개선과 위기주도학습을 읽으며 자기 나름의 해답을 찾아보길 바란다.

게으르고
딴짓하기 좋아하는 것은 인지상정

시험 기간이 찾아왔고, 봐야 할 내용이 산더미같이 쌓여 있다. 한참 전에 짜놓은 시험 계획에 따라 미리미리 움직였으면 좋았겠지만 안타깝게도 그 계획은 진작에 어그러진 지 오래다. 원래 계획대로 진도를 맞추려면 지금부터라도 두 배, 세 배 속도를 내서 공부해야 하는 상황이다. 하지만 그 역시 불가능하고, 결국 현실과 타협하며 덜 중요해 보이는 것들, 도저히 못 보겠다 싶은 것들을 슬쩍 빼버린다. 그런데 이렇게 간사한 스스로와의 타협 후에도 계속 딴짓을 하고 싶다. 유튜브를 보고 싶고, 스마트폰으로 게임도 하고 싶다. 심지어 평소에는 재미없었던 인터넷 뉴스의 정치·경제 기사까지 찾아보는데, 시간이 금세 흐른다. 아, 나

'공부법'에 의존하는 자의 최후

는 왜 이렇게 답도 없는 인간인 걸까?

지금 이 책을 읽고 있는 당신의 이야기인가? 집중력이 부족해 공부를 못하는 학생들의 전형적인 레퍼토리인가? 이는 필자가 어떤 시험을 준비하든지 항상 느꼈던 감정을 생각나는 대로 적어본 것이다. 이런 감정을 20년가량 느껴왔고, 지금도 마찬가지다. 공부법 책까지 쓰고 있으면서 이런 감정을 느낀다는 게 의아할 수도 있겠으나 필자는 오히려 되묻고 싶다. 공부를 잘한다고 해서 의지박약에, 집중력이 부족한 여느 학생들처럼 저런 감정을 느끼면 안 되는 것인가?

필자는 대원외국어고등학교, 서울대학교 경영학과를 거쳐 서울대학교 로스쿨을 졸업했다. 학습 열의가 뜨겁고 학업 수준도 높은 집단이었고, 이 안에서도 뛰어난 학업 성과를 내는 학생들을 숱하게 보았다. 국내 최대 규모의 장학재단에서 교류한 이들까지 합해보면 정말 다양한 배경과 전공의, 뛰어난 학업 능력과 성과를 내는 친구들을 만났다. 함께 공부했던 동기, 선후배들은 각종 고시를 거쳐 법조계나 공직에 종사하거나 학계, 금융계로 진출하는 등 유망한 진로를 밟고 있고 심지어는 의료계에 있는 이들도 있다.

그렇다면 그들이 공부를 특출하게 잘하는 이유는 무엇일까? 취미와 여가도 없이 목표한 점수를 얻기 위해 시험마다 무섭게 몰입하는 엄청난 의지의 소유자여서일까? 공부를 잘하는 데에는 온갖 사회적, 유전적, 환경적 요인과 저마다의 개인적 특성이 원인으로 작용할 수 있고, 시험이라는 평가의 국면에서 작용하는 운의 영향도 있을 것이다. 그러나 필자가 확실한 믿음을 가지고 말할 수 있는 게 한 가지 있다. 그들이 전부 스스로 세운 학습 계획과 목표로부터 한 치의 오차와 여유도 용납하지 않는 강인한 의지의 소유자라서 뛰어난 성과를 올린 것이 절대 아니라는 점이다.

대원외국어고등학교(이하 대원외고)는 10여 년 전까지만 해도 학생들의 뛰어난 대입 성적과 학교와 학부모들이 보여주는 뜨거운 교육열로 대한민국에서 손에 꼽히던 곳이다. 서울시 광진구 중곡동에 위치한 대원외고는 대입에서 강한 면모를 보여준 학교의 전통 외에도 청담대교와 영동대교만 건너면 강남 등지에 바로 도달하는 천혜의 지리적 요건을 갖추고 있었다. 그 때문에 방과 후나 야간자율학습 후에는 대치동 학원으로 넘어가고자 학생들의 대이동이 펼쳐지고는 했다. 그래서 학교가 광진구에 있음에도 엉뚱하게 대치동 일대에서 통학하는 학생들이 유난히 많기도 했다.

대원외고 역시 다른 여느 학교처럼 방과 후 학생들에게 야간자율학습을 독려하고는 했는데, 말이 자율학습이지 분위기로는 사실상 강제되는 것이었다. 개별적으로 학원을 가야 한다든지 따로 학습해야 한다든지 특별한 이유가 있으면 학부모의 요청에 따라 간혹 자율학습을 하지 않는 경우가 있기는 했지만, 이러한 학교 분위기 때문에 학생들 대부분이 쥐 죽은 듯 앉아 열 시가 넘는 시간까지 자율학습에 임했다. 입시의 부담이 더해지는 고등학교 3학년들은 조금 더 늦은 시간까지 자율학습을 했다. 이른바 '야자'라고 불리는 이 시간이 끝날 때쯤이면 자녀들을 태우러 오는 학부모들의 차량과 스쿨버스가 뒤섞여 학교 앞은 늦은 시간대에 어울리지 않는 분주함을 연출하고는 했다.

이렇게 설명하면 공부밖에 모르는 바보들이 사시사철 공부에 대한 열정을 불태운 것처럼 읽힐 것이다. 그러나 세상 여느 곳이 그러하듯 열심히 하는 학생들이 있는가 하면 자율학습 시간의 적막과 따분함을 못 이기는 학생들도 더러 있었다. 중간중간 담임 선생님이나 다른 선생님들이 자율학습 시간에 학생들을 감시하고는 했지만, 아침부터 근무하는 교사들이 매일같이 퇴근 시간 이후에 벌어지는 일들까지 철저히 감시할 수는 없는 터였다. 그래서 학기 초에 치열하던 분위기는 늘 중간고사가 지나면 슬슬 풀어지고 해이해지기 마련이었다.

대원외고의 면학 분위기와 양호한 학습 환경에 매료되어 자녀들을 일부러 집에서 먼 학교로 보낸 학부모들에게는 아찔한 이야기이지만 필자가 학교에 다니면서 친구들의 '땡땡이'를 목격한 것은 한두 번이 아니다. 물론 왜 그랬는지 지금은 기억조차 나질 않지만, 나 역시 적지 않은 땡땡이를 감행하였고 그에 응하여 함께 땡땡이를 친 전우들이 있었다. 때로는 적발되어 혼쭐이 나기도 했지만 대체로 이런 일들은 고등학교 시절 내내 벌어졌다. 그 말인즉슨 고등학교 1학년 때나 3학년 때나 땡땡이칠 아이들은 어떻게 해서든 땡땡이를 감행했다는 것이다.

이 이야기를 하며 떠오르는 곳이 있는데, 바로 '펀펀 PC방'이다. 이 PC방은 대원외고 학생들의 땡땡이 단골 명소다. 사실 이 PC방은 중곡동 어귀에 평범하게 줄지어진 슈퍼마켓, 청과물 가게, 동네 보습학원 가운데 있던, 어느 건물 지하에 무심하게 자리 잡은 뭐 하나 특출할 것 없는 PC방에 불과했다. 그럼에도 불구하고 대원외고 학생들에게는 학교에서 탈출해 도보로 몇 분만 걸어가면 갈 수 있는 곳에 있었고, 언제나 영업을 하고 있었으니 참새가 방앗간을 지나칠 수 없듯 유혹을 쉽사리 떨칠 수 없었을 것이다. 그래서 "펀 고?"라는 말이 일부 학생들 사이에서 유행처럼 돌았을 정도로 많은 학생이 자주 땡땡이를 치고 이곳에 갔고, 당시 유행하던 서든어택이라는 게임을 비롯해 각양각색의 오락을 즐겼다.

사실 이런 현상은 고등학생 때뿐만 아니라 필자가 중학생 때에도 똑같이 경험하던 것이었다. 서울시 서초구에서 영업하는 입시 전문 J학원은 방과 후에 학생들을 버스로 데려오고 데려다주고는 했다. 그런데 그 버스를 탄 학생들이 학원으로 가지 않고 단체로 교대의 한 PC방에 들어가 서든어택을 즐기고는 했다. 필자는 당시 J학원에 다니지 않았는데도 이 학원 버스를 타고 동급생들과 교대의 학원 앞 PC방에서 서든어택을 즐기고 다시 학원 버스를 타고 집으로 오고는 했었다. 그때는 낄낄거리며 즐겁기만 했는데 지금 돌이켜보면 비싼 종합학원을 보내놓았더니 아예 출석도 안 하고 종일 게임만 하다 오는 꼴이라니, 학부모들이 알았다면 대경실색할 일이었다.

면학 분위기가 좋은 특목고든, 자율형사립고든, 강남 8학군의 여느 학교든 어느 학생이라도 재미없는 공부보다는 재미있는 온라인 게임에, 잘생기고 멋진 아이돌의 군무에 더 흥미를 느끼기 마련이다. 그것은 본능에 가까운 일이다. 그렇게 학부모들의 교육열이 뜨겁고, 학생들의 면학 분위기가 뛰어나고, 학교의 관리와 체계가 좋았던 대원외고에서도 땡땡이치는 학생들이 생겨나질 않았나. 필자도 그러한 환경에서 똑같이 땡땡이를 쳤었고, 그보다 열악한 학습 환경도 겪어보았다. 열악한 학습 환경에서는 아무래도 집단 내의 면학 분위기가 쉽게 무너지거나 심리적으로도 억제력이 떨어져 조금 더 죄책감 없이 땡땡이를 치거나, 땡땡이를 이야기하는 것 자체가 궁색할 정도로 이를 행하는 분위기가 좀 더 자연스럽기는 했다. 어쨌거나 하고 싶은 이야기는 면학 분위기가 좋든 그렇지 못하든 공부를 둘러싼 여러 일탈의 유혹과 공부에 대한 거부반응은 너무나 자연스럽게 개인의 행동에 스며들어 굳세던 학습 의지를 쉽게 꺾는다는 것이다.

다시 한번 말하지만, 그 누구라도 공부보다는 노는 게 더 좋기 마련이다. 의지를 굳건히 하며 무엇인가를 한다는 것은 괴로움을 수반하는 일이다. 우수한 성적과 불타는 의지를 지닌 학생들을 선발해놓아도 땡땡이의 유혹을 이기지 못하는 학생들은 언제 어디서나 속출한다. 코로나바이러스의 영향으로 원격 수업이 일상화된 요즘, 이런 방식의 땡땡이를 치지는 않겠지만, 어떤 식으로든 어디서든 땡땡이는 벌어지고 있을 것이다. 그리고 이러한 사람 대부분이 이상하거나 특이한 게 아닌 평균에 해당한다는 사실과 이런 우리들의 인간적 면모에 주목하는 것이 앞으로 전개할 이야기에서 아주 중요한 출발점이 된다.

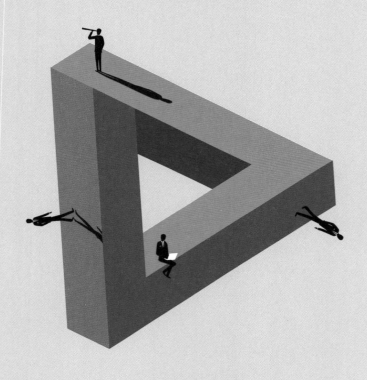

시험 기간이라 공부해야 할 게 산더미인데 자꾸 딴짓하고만
싶다. 유튜브를 보고 싶고, 스마트폰으로 게임도 하고 싶고,
심지어 평소 보지도 않던 인터넷 뉴스 정치·경제 기사마저
재미있다. '아, 나는 왜 이렇게 답도 없는 인간인 걸까?'

공부 머리는
80%가 유전이라고?

'공부는 유전'이라는 이야기를 들어본 적이 있는가? 손주은 메가스터디 회장은 "공부 머리는 80%가 유전."이라고 발언한 바있다. 이렇듯 공부가 유전의 영향을 받는다는 주장에는 관련 업계 종사자들의 밑도 끝도 없는 증언 외에도 통계적 근거를 갖춘다양한 연구 결과가 뒷받침하고 있다. 그러면 필자는 이 책을 대체 왜 쓰고 있는 것인가? 최소한 이러한 연구 결과에도 불구하고 '노력하면' 공부를 더 잘할 수 있다는 결론이 도출되어야지, 그렇지 않다면 이 책 자체가 말짱 도루묵일 것이다. 그러나 안타깝게도 최근 '노력도 유전이다'라는 주장까지 나왔다. 그 요지를 살펴보면, 사회심리학을 다루는 한 잡지(Journal of Personality and Social Psychology)에 '진정한 그릿(투지)과 유전학'이란 제목의 기고문이 실렸는데, 이를 보면 영국에서 2,300여 쌍이 넘는 쌍둥이를 대상으로 조사한 결과 학업 성취에 큰 영향을 끼치는 인내, 열정, 노력, 끈기와 같은 '그릿'이 유전적 요인에 의해 작용한다, 따라서 성적을 잘 받으려고 열심히 노력하는 것조차도 결국에는 유전적 영향을 많이 받는다는 것이다.* 이 슬픈 명제는 수많은 공부법 책의 존재 의미에 대해 되묻게 한다.

그러나 이런 연구 결과를 두고서 '결국 우리는 유전자의 노예다'라며 모든 것을 포기하고 될 대로 되라는 식으로 삶의 자세를 취하는 것은 아주 어리석은 일이다. 우선 우리가 좋은 유전자를 타고났는지, 나쁜 유전자를 타고났는지도 알 수 없을뿐더러, 앞서 언급한 연구는 2,000쌍이 넘는 일란성 쌍둥이들을 대상으로 자신의 성격을 평가하는 질문지를 작성하게 하여 환경과 유전의 요인을 분석한 것이다. 이런 노력, 공부, 유전과 관련된 연구 결과를 처음 마주하는 이라면 나름의 창조적 해석을 통해 자신의 부모님의 학창 시절 학업성적을 바탕으로 자신의 유전적 가

---

*   카일리 림펠드, 율리아 코바스, 필립 S. 데일, 로버트 플로민이 2016년 사회심리학을 다룬 잡지(Journal of Personality and Social Psychology)에 발표한 '진정한 그릿과 유전학: 성격으로 학업 성취도 예측하기(True grit and genetics: Predicting academic achievement from personality)'란 기고문 참조.

능성을 미루어 짐작할 수 있다고 생각하는 등 우리가 '유전'이라고 하면 떠올리는 가장 익숙한 개념을 중심으로 상상의 나래를 펼치기 마련이다. 그러나 앞서 언급한 연구 결과에서는 부모들의 공부 실력이나 노력하는 성품 따위의 요소는 아예 등장하지도 않는다. 부모가 가진 공부 실력과 노력 등에 영향을 주는 유전자가 존재하고 있었는지, 그것이 실제로 자식에게 유전이 되었는지 아닌지는 이 연구 결과와 아무런 관련이 없는 것이다. 또한 그것을 정확히 검증하는 것 자체가 불가능하다.

이 연구는 단지 생물학적으로 거의 동등한 유전적 특질을 공유하는 일란성 쌍둥이를 살펴보니 공부와 관련된 어떠한 경향성이 나타난다는 것을 관찰한 결과일 뿐, 그 일란성 쌍둥이의 부모가 어떤 사람이었고 이 쌍둥이들이 그 부모에게서 어떤 유전적 특질을 물려받았는지와는 전혀 상관이 없다. 따라서 이 연구 결과를 맹신한다고 하더라도 당신이 공부를 기가 막히게 잘하거나 못하는 일란성 쌍둥이 형제자매가 있는 것이 아니라면, 당신의 유전자를 제대로 파악할 길은 없다는 뜻이다. 다만 이 연구를 통해 알 수 있는 것은 어떤 사람은 노래를 잘하는 재능을 타고나고, 어떤 사람은 게임을 잘하는 재능을 타고나는 것처럼 공부도 타고날 수 있다는, 너무나 당연한 결론을 확인하는 정도이다.

'공부도 유전', '노력도 유전'이라는 자극적인 단어에 집중하다 보면 본질을 놓치기 쉽다. 사실 생각해보면 사람 성격과 품성마저도 유전의 영향을 받지 않나. 공부나 노력하는 경향이라고 다를 리가 있을까. 따라서 이러한 연구 결과를 잘못 해석하여 구체적이고 세밀하게 설정해야 할 삶의 자세나 전략적 방향을 고민 없이 설정하고 자기 합리화하는 것은 피해야 한다. 쉽게 말하자면 이런 연구 결과를 이유로 유전자를 탓하며 공부하지 않는 자신을 합리화하지 말라는 이야기다. 그건 아직 틀렸는지 맞았는지 모르는 문제를 혼자 틀렸다고 믿고 OMR카드에 자를 대고 줄을 긋는 행위와 비슷하다.

이런 연구 결과는 사람들을 아주 많이 모아놓고 연구해보니 '노력하는 사람들이 학업 성취도도 높은데, 같은 유전자를 타고난 쌍둥이들에게서는 비슷한 성향이 발견된다'라는 상관관계를 설명하는 결과적 분석일 뿐이다. 자신이 어떤 유전자를 타고났는지 확인할 방법이 없는데 이런 상관관계를 분석하는 일은 별다른 의미도 없는 것일뿐더러 어떤 구체적 삶의 지침도 제시하지 못한다.

그렇다면 다시 원점으로 돌아와서, 우리가 살면서 취해야 할 전략적인 접근에 대하여 고민해볼 필요가 있다. 먼저 한 가지를 분명히 하자. 지금의 과학기술로는 우리의 유전자를 아직 바꿀 수가 없다. 태어난 순간 지니게 된 DNA를 평생 가지고 살아야 한다. AS가 안 된다는 말이다. 내 유전자가 무엇인지를 미리 알 수 있다면 내 유전자에 유리한 방식대로 살아가면 제일 좋을 텐데, 이건 미리 확인할 길이 없다. 한참을 살아보고 나서도 지레짐작할 뿐이다.

필자는 독자들에게 공부에 매달려서, 공부만 죽어라 하는 삶을 살아가라고 권하고 싶은 생각은 추호도 없다. 그렇지만 공부법 책을 읽는 독자라면 최소한 공부를 잘하고 싶어서 읽는 것일 테니, 일단 공부를 잘하고 싶거나 잘해야 하는 이유가 있다면 내가 타고난 유전자는 바꿀 수 없다는 것을 인지하고 주어진 조건에서 최고의 성과를 낼 수 있는 전략을 취해야 한다.

당신은 좋은 유전자를 타고났을까? 다시 한번 말하지만, 이 질문에 대해서는 정확한 대답이 불가능하다. 심지어 내가 지금 공부를 잘하든 못하든 이 질문에 대한 대답은 믿음의 영역일 뿐이다. 많은 사람이 좀 더 나은 유전적 조건을 타고났기를 희망하고, 또 실제로 그렇게 믿으려 애를 쓴다. 정확히 확인할 수도 없는 '유전자'를 열등하게 타고났다고 굳이 느끼고 싶지 않아 하는 것이다. 특히 공부를 잘하는 것, 학벌이 좋은 것은 대한민국에서 사회경제적 지위를 정하는 데에 꽤 오랫동안 아주 중요한 조건으로 작용했으니 '공부 유전자'에 민감하게 반응하며 좀 더 나은 공부 유전자를 타고났기를 희망하는 것은 어찌 보면 당연하다.

그렇지만 이 질문을 조금만 바꾸어보자. 당신이 평균에 해당하는 유전자를 타고났을 확률과 매우 좋거나 매우 나쁜 유전자를 타고났을 확률 사이에 어느 것이 높을까? 당연히 전자의 경우가 더 높다! 왜냐하면 이것이 바로 평균의 정의이기 때문이다. 정말 이상한 모양의 확률분포를 상상하지 않는 한, 우리는 평균에 가깝게 태어났을 가능성이 더 높다.

그 누구도 남들보다 더 열심히 공부하면서 더 나쁜 성적을 얻기를 원하지 않는다. 그 누구도 자신이 게으르고 산만한 유전자

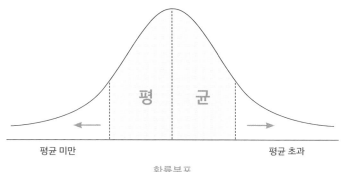

평균 미만   평균 초과

확률분포

가운데를 기점으로 양쪽에 점선을 그어 색칠한 부분을 평균이라고 보면 된다. 이 평균치의 왼쪽으로 벗어나면 평균 미만, 오른쪽으로 벗어나면 초과라고 보았을 때, 그래프상의 면적만 보아도 평균치에 해당하는 부분이 가장 넓다. 유전자를 대입해서 생각해보면 나쁜 유전자나 좋은 유전자를 타고날 확률보다 평균에 해당하는 유전자를 가지고 태어날 확률이 더 높다는 것을 짐작해볼 수 있다.

를 타고났다고 믿고 싶어 하지 않는다. 그러나 유전자의 영역에서 우리는 아무것도 확신할 수 없는 채로 태어났다. 이때 우리가할 수 있는 가장 합리적인 가정은 스스로 평균에 해당한다고, 평균에 해당하는 유전자를 타고났다고 생각하며 자신의 상황에잘 들어맞는 학습전략을 세우는 것이다.

전략을 세울 때 가장 중요한 것은 '스스로 평균에 해당한다는 것을 잊어서는 안 된다'는 것이다. 무슨 말인가 하면, 나는 확률분포에서 평균에 해당할 확률이 높고 월등하게 뛰어난 사람을제외하면 다른 사람도 마찬가지다. 이때 이 평균에 해당하는 다른 사람과 비슷한 수준으로 노력한다면 성적도 당연히 평균에그칠 것이다. 다른 사람들만큼 게으르고 그들만큼 공부가 하기싫어 딴청을 부린다면 절대 그들을 뛰어넘을 수 없다. 그러니 스스로 평균에 해당한다고 가정하되, 평균에서 벗어난 결과를 얻을 수 있도록 내가 가진 조건을 뛰어넘는 그 무언가를 만들어내고자 환경을 변화시키고 새롭게 설계해야 한다. 이것이 평균에해당하는 사람이 게임에서 승리하는 유일한 전략이자 가장 우수한 전략이다.

공부를 못하거나 덜 잘하는 상태가 문제라면, 이를 해결하여 결국에 잘하는 상태로 나아가는 것이 공부법의 핵심이다. 그러려면 현재 문제가 되는 자신의 상태를 점검하고 고쳐나가는 것이 중요하다. 여기서 수험생들이 그렇게 찾고 싶어 하는 만능 공부법이 실재할 수 없는 이유가 확연히 드러난다. 사람마다 처한 문제 상황이 다른데 어떻게 해결책이 같을 수가 있겠나.

공부를 많이 안 하는 게
제일 문제다

　우리 스스로 평균이라고 가정하자고 했으니, 이제 평균의 시각에서 생각해보자. 우리에게 무엇이 가장 문제일까? 필자는 초·중·고등학교, 대학교, 대학원을 거치는 동안 우수한 학생들을 많이 보았지만, 한편으로는 공부를 애초에 포기하거나 하다가 아예 때려치우는 이들도 많이 보았다. 이러한 다양한 집단의 사람들을 관찰하며 느낀 바가 하나 있다. 개인마다 차이는 있지만 보통 학업성적이 우수한 집단은 공부에 시간을 더 많이 할애한다는 것이다. 대부분 공부를 잘하는 친구들은 시험 기간이 되면 어김없이 억지로라도 시험을 준비한다. 많은 유혹을 견디며 꾸역꾸역 일정 시간을 공부하는 데 바친다.

공부에 왕도는 없다지만 이 한 가지 사실만은 들어맞는다. 같은 조건이라면 더 많은 시간을 할애할수록 장기적으로 봤을 때 더 좋은 성과가 나온다는 것 말이다. 수험 방법이나 학습 요령에 따라서 단기간의 효율이 달라질 수는 있지만, 공부를 안 하고서 방법만으로 잘할 수는 없다. 일정한 양의 시간을 투입하지 않고서 수험 방법이나 학습 요령을 이야기하는 것은 무의미하다.

다시 우리의 문제로 돌아와서, 평균에 해당하는 사람들에게 가장 큰 문제는 절대적인 학습 시간이 부족하다는 것이다. 여기에서 학습 시간이란, 책상 앞에 엉덩이를 붙이고 앉아 있는 시간이나 필기하는 시간 등이 아니라 학습의 대상이 되는 여하의 내용을 인지적으로 받아들이고 숙지하며 사고하는 과정에 필요한 시간을 말한다.

주변에 공부를 곧잘 하는 친구들을 떠올려보자. 예컨대 입시 재수 종합반의 상위권 반이 좋은 사례일 것이다. 숨 막히게 열심히 공부하고 종일 학습에 매진하는 치열하고 바람직한 수험생의 모습이 떠오르지 않는가? 이들과 평균에 해당하는 사람의 차이점이 무엇일까. 그들이 공부를 더 많이 할 수밖에 없는 유전자를 지니고 태어났는지, 다른 이유가 있어서 공부를 더 많이 하고 있는지는 알 수 없지만, 이 한 가지는 분명하다. 절대적으로 공부하는 시간이 평균인보다 더 많다는 것 말이다.

자, 이제는 스스로 공부하던 때를 돌이켜보자. 아마 3가지 정도의 가정을 받아들일 수 있을 것이다. 첫째로 나는 평균에 해당할 가능성이 높다는 것, 둘째로 평균에 해당한다면 노력하는 성향도 평균이므로 남들 하는 만큼만 공부에 시간을 할애할 것이라는 것, 셋째로 이럴 경우 평균에 해당하는 사람과 경쟁해야 한다면 결국 공부에 할애하는 시간이 많아야 성적이 더 잘 나올 것이라는 점이다. 정리해보면 결국 내가 그저 그런 성적을 받아왔던 까닭은 평균에 해당하는, 남들이 하는 만큼만 공부에 시간을 투자해왔기 때문에 그랬을 확률이 높다는 결론이 도출된다. 누구도 이 확률 게임에서 자유로울 수는 없다.

그런데 필자의 학창 시절 공부로 고민을 토로하던 주변 사람들이나 최근 필자의 유튜브 채널에 댓글을 다는 구독자들, 필자의 메일이나 SNS 메시지로 공부 고민을 토로하는 분들을 보면 공부의 절대적인 양을 증가시키는 방법에 대해서는 고민하지 않는다. 공부를 '어떻게' 쉽게 할 수 있는지, 공부에 대해 '어떻게' 생각하는지, 공부할 때 '어떤 펜'을 써야 하는지, '어떤 사고과정'을 거쳐야 하는지는 질문하면서도 정작 '어떻게 많이 하는지'에 대해서는 질문하지 않는다.

물론 이런 다양한 질문들이 전혀 의미가 없다는 것은 아니다. 간혹 정말 많은 시간을 들여 공부하는데도 성적이 나오지 않거나 엉뚱한 방법으로 공부해서 고민인 경우도 있으니 말이다. 이럴 때는 단순히 양만 많이 늘리고 오랫동안 공부한다고 해서 능사가 아니다. 또 준비하는 시험마다, 공부하는 과목마다 내용을 받아들이고 소화하기 위한 구체적인 요령이 있는데, 이는 사람마다 너무 차이가 크다. 하지만 그렇다고 해도 이런 방법론을 익히는 데에도 적절한 시간 투자는 필수다. 무작정 공부를 잘하거나 잘하는 것처럼 보이는 사람에게 물어본다고, 그들의 방법을 곧이곧대로 따라 한다고 해서 습득이 가능한 것이 아니다. 설령 가능하다고 해도 자신에게 맞는 훈련이 필요하다. 시험별로, 과목별로 적절한 방법을 찾아 이해하고 익히는 것 자체도 공부이고 훈련이기 때문에 많은 시간과 노력이 필요하다. 따라서 당신이 평균에 해당한다면 공부에 시간을 많이 할애하지 않고 더 잘할 방법을 찾는 것은 매우 어려운 일이다.

앞서 말한 것처럼 여기에서 공부하는 데 시간을 더 많이 할애하라는 것은 단순히 책상 앞에 앉아 있는 시간, 책을 펴놓고 글씨를 쳐다보는 시간을 늘려야 한다는 것이 아니다. 내가 학습해야 할 내용을 받아들이고 사유하고 기억하는, 그 모든 정신작용에 절대적인 시간을 더 많이 투입하라는 것이다. 이 시간을 투입하지 않고 학습 내용을 익힐 수 있는 인간은 단 한 명도 존재하지 않는다. 그리고 이러한 정신작용을 훈련하는 것이 결국에는 공부이기 때문에 이를 꾸준히 훈련한다면 결과적으로는 개별 교과에 대한 이해는 물론 학습 능력도 발달하게 된다. 단적인 예로 스마트폰에 기억력 훈련 애플리케이션을 받아 한 달만 꾸준히 해보라. 어떻게 기억이라는 정신작용이 훈련을 통해 개선되는지를 직접 느낄 수 있을 것이다. 하물며 그보다 복잡하고 미묘하면서도 개념의 폭이 넓은, 우리가 '공부'라고 부르는 다면적인 정신작용에 예외가 있을 수는 없는 것이다.

우리는 평균에 해당할 확률이 높으므로 이 확률 싸움에서 유리한 고지를 점해야 한다고, 주어진 환경을 개선해 평균을 뛰어넘는 전략을 세워야 한다고 말했다. 그런 관점에서 공부를 잘하려면 이를 개선할 방법은 공부를 많이 하는 것이다. 공부는 공부를 통해서만 훈련이 된다. 공부(훈련)하지 않고 공부(훈련) 방법만 궁금해하며 왜 아무것도 나아지지 않는지 궁금해하는 것은, 운동생리학 책만 열심히 읽고 헬스장에 가지 않으면서 왜 몸이 좋아지지 않는지 궁금해하는 것과 같다. 타고난 공부 유전자를 바꿀 수 없다면 논리적으로 이를 개선할 가장 쉽고 확실한 방법은 공부를 더 많이 하는 것이다.

그런데 공부를 더 많이, 더 열심히 하면 된다는 메시지나 전하고 끝마친다면 이 책은 아무 의미 없는 폐지가 될 것이다. 이 책에서 이야기하고 싶은 것은 단순히 공부를 더 많이, 더 열심히 해야 한다는 메시지가 아니다. 이렇게 열심히, 많이 하고자 하는 사람들이 자신의 나약한 의지에 의존하고 스스로 탓하는 문제를 꼬집기 위함이다. 작심삼일, 열심히 하기로 마음먹고 성공한 사람들의 경험담을 읽으며 나도 할 수 있다고 의지를 다져놓고 돌아서면 유혹에 흔들리는 경험을 누구나 해봤을 것이다. 평균에 해당하는 사람이라면 누구나 말이다. 이런 사람일수록 백날 의지만 다져서는 결코 공부를 잘할 수도, 공부를 많이 할 수도 없다. 공부를 잘하고자 인간의 나약한 의지에 매달리는 것이 얼마나 큰 오류를 범하는 것인지 지금부터 차분히 짚어보자.

정신력과 의지에 기대서는
절대 공부를 잘할 수 없다

마인드 컨트롤을 잘하는 것이 공부할 때 상당히 중요하다는 이야기는 많이 들어보았을 것이다. 포기하지 않는 불굴의 의지, 배고픔도 잊고 공부에 열중하는 집념과 정신력으로 원하는 결과를 이뤄낸 성공 사례 역시 우리는 수도 없이 접해왔다. 시중에 차고 넘치는 공부법 책들, 각종 시험과 고시마다 나오는 최연소 합격자나 수석, 차석들의 수기만 봐도 그들의 열정, 집념을 엿볼 수 있다. 이 책을 읽고 계실 독자들 역시 그와 같은 번듯한 스토리를 기대하며 이 책을 집어 드셨을지도 모르겠다. 일류 학벌, 열흘 만에 공인중개사 자격증을 딴 뒤 불과 두 달 남짓 지나서 변호사 자격증을 따는 쇼를 벌이는 필자의 왕성한 활동을 보며,

'공부법'에 의존하는 자의 최후

여러 날 밤을 새우고도 끄떡없이 목표를 완수하는 모습을 보며 필자만의 비장의 학습법과 무기를 귀띔받을 수 있다면 좋겠다고 생각하셨을 테니 말이다.

그러나 겉으로 보이는 모습에 현혹되어 무작정 성공한 이들의 모습을 흉내 내려고 하는 것은 스트레칭조차 잘 못하는 초보자가 잘 단련된 기계체조 선수의 역동적인 동작을 보고 바로 따라 하려는 것과 같다. 몸과 마음, 결과가 따로 놀며 다치기 십상이다. 따라서 평균에 해당하는 사람일수록 이런 합격 수기를 따라 하기보다 공부의 필요조건인 절대적 시간 투입과 이를 지속할 수 있는 환경을 조성한 다음 실천하게끔 행동을 설계할 수 있어야 하고, 이를 바탕으로 자연스럽게 실력이 발달하는 과정에 주목하여야 한다. 필자는 이 일련의 과정을 이끌어주는 강력한 방법이 위기주도학습이라고 믿는다.

개인의 성공담에 정신을 빼앗겨서는 안 되는 이유가 또 있다. 개인에게 주어진 다양한 환경적 변수가 개인의 행동 양식에 큰 영향을 주기 때문이다. 일례로 고생하시는 부모님을 떠올리며 죄책감과 책임감에 사로잡혀 이를 악물고 공부에 매진해 합격을 거머쥔 고시생이 있다고 하자. 하지만 막상 이 사람을 따라 하려고 하면 잘되지 않을 수 있다. 그처럼 내 부모님이 고생을 안 하고 계실 수도 있고, 부모님이 안 계실 수도 있고, 부모님이 고생하시지만 그처럼 나는 죄책감과 책임감이 안 들 수도 있어서다. 인간의 인지적, 감정적 체험은 너무나 개별적이라 같은 현상을 두고도 각기 다른 해석과 감정적 반응을 보인다. 그래서 우리는 성공한 사람이 지닌 불굴의 의지를 본받고 싶어 하면서도 막상 따라 하려고 하면 쉽게 되지 않는 것이다.

원점으로 돌아와서, 평균에 해당하는 사람이라면 불굴의 의지로 만든 성공기를 경계해야 한다고 했다. 평균인은 그 정도의 의지를 발휘하지 못해서 평균인이다. 우리가 숱하게 읽어왔던 위인전, 합격 수기, 성공기에 등장하는 이들의 정신력과 의지를 본받고 싶어 한, 그 심정을 다시금 떠올려보라. 그리고 이렇게 질문해보라. '나는 그와 같은 의지가 있는가?' 과연 어떻게 대답하겠는가? 필자는 스스로 그러한 의지가 없다고 생각하며 살아가고 있다. 어느 구석에서든 필자는 평균에 해당하는 사람일 것이고 그래서 평균적으로 게으르고, 딴청 부리고, 눈앞의 따분한 것에 열중하기 싫어하는 모습을 보일 것이다. 이는 확률적으로 충분히 예상되는 모습이다. 따라서 그런 나 자신을 어떻게 제어할 것인가가 필자의 당면 과제다. 이 책을 읽고 계실 당신은 어떠한가? 필자와 같은가?

평균에 해당하는 우리가 이 확률 싸움에서 유리한 고지를 점령하려면, 공부를 잘하고 싶다면 방법은 공부를 많이 하는 것뿐이다. 공부(훈련)하지 않고 공부(훈련) 방법만 궁금해하며 왜 아무것도 나아지지 않는지를 궁금해하는 것은, 운동생리학 책만 열심히 읽고 헬스장에 가지 않으면서 왜 몸이 좋아지지 않는지 궁금해하는 것과 같다.

2장

공부 환경의 문제를
진단하는 법

당신은 여전히
공부하지 않을 것이다

　잘 만든 기계는 부품이 돌아가는 데 필요한 연료나 동력을 제공해주면 잘 작동한다. 만약 고장이 나더라도 설계 방식을 알면 증상에 따라 짐작이 가는 부분을 뜯어고치면 된다. 반면 사람은 기계가 아니다. 인간의 행동은 기계적으로 예측하기 어렵고 어떤 자극에 대한 반응이나 결과적으로 나타나는 현상을 완벽히 통제하는 것도 불가능하다. 이는 자기 자신을 통제하려고 할 때도 마찬가지다.

　그러나 어떤 측면에서 보면 주어진 자극에 대해 인간이 어떤 반응을 보일지, 특정한 의도로 설계된 환경에 놓인 인간을 둘러싸고 어떠한 현상이 벌어질지 예측할 수 있을 때가 있다. 기계보다 변덕스럽고, 언제, 어디가 고장이 날지 예측할 수 없는 인간일지라도 상식이란 범주 내에서는 어떻게 행동할지 예측할 수 있는 부분이 많다는 말이다. 예컨대 사람은 잠을 자지 않으면 피곤하고 졸리고 지친다. 밥을 굶으면 배가 고프고 짜증이 나며 힘이 나지 않는다. 단것을 계속해서 먹으면 살이 찌고 몸 어딘가가 고장이 나기 마련이다. 이런 자명한 이치에 대해서는 굳이 특별한 사유나 탐구가 필요하지 않다.

우리는 복잡하고 정교하게 태어난 신비로운 생물체이지만 사실 알고 보면 우리가 하는 행동의 상당 부분은 예측 가능한 범위 안에 있다. 어떠한 자극을 주고 어떠한 환경을 조성하느냐에 따라서 어떠한 반응이 나타날지, 어떤 방향으로 나아갈지 예측할 수 있다는 것은 원하는 반응과 행동을 유도하는 데 필요한 자극과 환경을 설계할 수 있다는 이야기이기도 하다. 따라서 우리에게 주어지는 환경과 자극을 구조적으로 개선해, 원하는 방향으로 자신의 행동을 설계하는 가능성에 주목할 필요가 있다.

우리는 앞서 스스로 모든 면에서 평균 그 언저리에 있는, 그렇지만 동시에 어느 정도 예측 가능한 인간이라고 생각하기로 했다. 그렇다면 객관적으로 자신의 행동을 분석해보자. 당신은 어떤 방식으로 움직이는가? 어떤 방식으로 공부하는가? 좀 더 공부를 잘하기 위해서 본격적으로 자신의 행동을 개선하고자 한다면 바로 이 질문에 답하는 것부터 시작해야 할 것이다.

나는 왜 공부를 안 할까? 공부하더라도 왜 충분한 시간을 들이지 못할까? 공부하는 와중에 자꾸만 왜 딴생각을 하고 딴짓을 하다가 시간을 허비하는 걸까? 앞서도 말했지만 유혹에 빠지고 딴짓하고 싶은 것은 당연한 이치다. 평균에 해당하는 인간이라면 더더욱 말이다. 사실 평균인이라는 말조차 궁색하게 사람들 대부분이 이와 같은 감정을 느낀다. 필자 역시 왜 공부를 안 하고 딴청을 피울까에 대해 대학원을 마친 지금까지도 고민한다. 왜 해야 할 일을 안 하고, 읽어야 할 내용을 못 읽고 자꾸 쓸데없는 일에 정신이 팔리는 것인지 자책할 때도 있다. 동어반복에 가까운 이야기지만 공부를 안 하는 것은 공부해야 한다는 마음보다 다른 욕망이 더 크게 작용해서다. 공부해야 하는 상황에서 왜 공부가 아닌 다른 일을 하는 걸까? 당연히 공부 말고 다른 것을, 공부보다 더 재미있는 것을 하고 싶어서다. 그래서 공부가 더 중요하다는 걸 머리로는 이해하면서도 가슴이 시키는 대로 공부를 제쳐두고 다른 일을 하는 것이다.

사실 공부보다 중요한 일들은 세상에 많다. 더 중요한 일을 찾는 것도 본인 팔자이고 재주이다. 그러나 그런 의미 있는 일을 찾지 못한 사람이라면 일단 공부를 하는 게 그나마 나쁘지 않은 차선책일 것이다. 그렇지만 공부가 재미없으니 안 하게 된다. 필자 역시 학창 시절 내내 치열하게 경쟁해야 하는 환경에서 공부했지만, 그렇다고 해서 공부 그 자체가 재미있었을까? 천만에! 지금껏 숱하게 우수한 학생을 여럿 봐왔지만, 공부 그 자체가 재미있어서 그것만 하는 사람을 만난 적은 없다. 아무리 공부를 열심히 하는 학생이라도 아이돌 콘서트에 데려다 놓으면 '아! 이것이 사는 맛이구나.' 행복감을 느끼고, 리그 오브 레전드 게임을 좀 가르쳐주면 '아! 이래서 하는구나.' 하며 그 재미를 알기 마련이다. 연구하고 공부하는 게 재미있다고 하는 학자나 연구자들도 물론 있겠지만, 평생 공부만 하라고 한다면 그들이라고 마냥 공부가 재미있기만 하겠는가?

책상 앞에 앉아 책을 붙들고서 열심히 익히고 머릿속에 무언가를 집어넣는 행위는 스스로 효용의 가치, 성취감, 만족감, 사회경제적인 실리에서 비롯되는 행복감을 느끼게 한다. 시험, 선발, 평가 절차에서 긍정적인 피드백을 받으며 더욱 의욕이 생기는 선순환이 존재하는 것도 사실이다. 그러나 이는 공부 그 자체가 좋고 재미있다기보다는 공부라는 소재에서 비롯된 다양한 사회경제적 보상이 동기부여로 작용해서다.

공부보다 더 재미있고 매력적인 활동이 많으므로 인간은 공부가 아닌 다른 것에 매료되기 쉽다. 그래서 계속해서 욕망의 충돌이 일어나기 마련이다. 인간을 기계에 빗대어 본다면 욕망의 충돌에 취약하도록 설계된 셈이다. 특히 엄청난 의지를 가진 사람이 아니고서야 평균에 해당하는 사람은 십중팔구 유혹에 굴복할 확률이 더 높고, 따라서 유혹에 빠졌다가 후회하기를 반복하는 일도 잦다.

이러한 후회 앞에서 자신의 나약한 의지를 탓하는 사람이라면 좀 낫다. 보통은 변명거리를 찾거나 자기 합리화를 하는 경우가 부지기수이기 때문이다. 하지만 자신의 나약한 의지를 탓하는 사람도 다시금 의지를 불태워 오늘부터는 새로운 인간이 되겠노라고 선언하고 이 선언이 약발이 들어 그날 아침부터 얼마간 열심히 한다고 해도 결국에는 다시 원래의 자리로 돌아가 똑같은 실수를 하고 똑같은 후회를 반복한다. 혹시 여기까지 읽고 내 이야기라고 생각하는 분이 계신가? 사실 이는 필자의 이야기이기도 하다.

포기하면 편하다고 생각하고 마음 편히 사는 사람들은 말 그대로 속이라도 편하다. 하지만 후회하느라 마음은 괴로운데 이도 저도 아닌 채로 정작 바뀌는 게 없는 사람은 매번 힘들다. 변하고 싶은데 뜻대로 원하는 변화가 일어나지 않으면, 바라는 바와 현실과의 괴리를 견디지 못하는 사람들은 변화하지 못하는 현실에 비애감을 느낀다.

그래도 뭔가 바꾸고 싶은 생각이 있는 이에게는 그나마 작은 희망이 있다. 앞서 우리의 행동이 어느 정도 예측이 가능하다고 지적한 바 있지 않나. 일단 나라는 인간을 외부의 자극에 반응하는 기계라고 가정해보자. 그리고 나라는 인간, 나라는 기계는 왜 충분히 공부하지 못하는 것인가에 대해 질문해보자. 이때 기계 자체가 잘못 설계됐다는, 대책 없는 답을 찾아서는 안 된다. 공부 외의 다양한 유혹에 반응하도록 설계된 자신의 반응 기제를 설계의 결함으로 인식하는 순간 해결 방안은 영영 찾을 수 없게 된다.

예컨대 이런 사고방식으로 접근하면 결국 설계 자체를 다시 하는 것만이 답이 되고, 어떠한 유혹에도 흔들리지 않는 불굴의 의지를 갖춘 인간으로 개조해야 한다는 결론에 이르게 된다. 이러한 사고의 결론은 오로지 생각하는 방식만 고치고 의지만 불태우면 된다는 간편한 결론처럼 보이니 금방이라도 모든 것을 바꿀 수 있을 것만 같다. 그러나 이런 방식의 개조는 나 자신을 평균이라는 범위 밖으로 끌어내야만 실현할 수 있다. 상상하기는 쉽지만, 평균에 해당하는 사람에게는 현실적인 답이 아닌 셈이다. 물론 아예 불가능하다는 것은 아니다. 다만 평균에 해당하는 사람이 심경의 변화만으로 공부 외의 다양한 유혹에 반응하던 기제를 단숨에 자유자재로 개조한다는 것 자체가 실패할 확률이 현저히 높다는 것을 지적하는 것이다.

지금까지 해온 경험을 떠올려보라. 오늘 한 군은 결심이 쉽게 무너지는 경험을 되풀이하지 않았나. 그렇다면 갑자기 나 자신이 바뀔 것이라고 믿기보다 앞으로도 이런 상황이 되풀이될 확률이 더 높다는 게 합리적 의심일 것이다. 이는 이상한 일이 아니라 더 자연스러운 일이며, 오히려 그걸 쉽게 극복하는 게 더 이상한 것이다. 평균에 해당하는 사람에게는 너무나 당연한 일이며, 이것이야말로 그들의 예측 가능한 '작동 방식'이니 말이다.

무엇이 나의 공부를
방해하는가?

　인간을 둘러싼 외부의 환경과 자극(이하 '구조적 환경'이라 통칭한다)은 인간의 행동 양식에 많은 영향을 준다. 예컨대 필자가 어렸을 때, 학교 화장실이 더러우면 간혹 변비에 걸리는 아이들이 있었다. 초등학교 때였는데 큰 볼일을 보러 갔다 오면 동급생들이 놀려서 그것 때문에 변비에 걸리는 아이들도 있었다. 생각해보면 공교육 시설의 위생 환경이, 또래 사이에서의 사회적 압력이 구조적 환경 요소로 작용해 변비라는 비극적인 결과를 낳은 사례라고 볼 수 있다.

　구조적 환경이 우리의 행동에 영향을 끼치는 사례는 너무나 많다. 한국인 한 명 없는 외국에서 생활하다 보니 어쩔 수 없이 외국어를 배우게 됐다는 이야기를 종종 들어보았을 것이다. 또 미식축구에 열광하는 문화권에서 살아간다면 미식축구를 좋아하거나 잘하게 될 확률이 그렇지 않은 문화권에서 살 경우보다 높을 것이다. 지금은 세계적으로 대중화된 스포츠이지만 태권도나 양궁의 경우 다른 나라보다 대한민국에서 이를 잘하는 사람이 유독 많이 나오는 까닭도 비슷한 이유에서다. 이러한 구조적 환경은 사회 문화적, 경제적, 물리적 조건 등 다양한 조건들이 결부되어 나타난다. 단순히 '환경'이라고 부를 수도 있으나 굳이 '구조적 환경'이라고 지칭하는 이유는, 인간의 행동을 특정 방향으로 유도하는 구조적 측면에 집중하고자 하기 때문이다.

인간은 대부분 자유의사대로, 자신의 의지대로 행동한다고 생각한다. 근본적으로는 그 말이 옳은 말일 수 있다. 그렇지만 현상들을 하나하나 놓고 살펴보면 이미 만들어진 환경이 유도하는 바대로 자연스럽게 행동할 때가 더러 있다. 예를 들어 길거리를 온통 쓰레기가 넘치는 개판으로 만드는 손쉬운 방법이 무엇일까. 이미 거리에 설치된 쓰레기통을 없애버리면 된다. 반면 아무렇게나 버려지는 쓰레기가 보기 싫다면 어떻게 하는 게 좋을까. 쓰레기통을 더 많이 설치하면 된다. 아니면 쓰레기를 무단으로 버리는 사람들에게 과태료를 부과하면 된다.

거리에 넘쳐나는 쓰레기를 줄이는 문제는 사람들에게 막연히 쓰레기를 버리지 말라고 요청하는 것만으로는 막기 어려운 문제일 수 있다. 하지만 쓰레기를 버리고 치우는 문제를 단지 개인의 양심이나 의지에 맡기지 않고 그 환경 자체를 구조적으로 개선하면 문제를 해결할 수 있다. 앞서 설명했듯 쓰레기통을 더 설치하여 물리적으로 쓰레기를 쓰레기통에 버리기 쉽게 한다거나, 극단적이긴 하나 제도적으로 쓰레기를 아무 데나 버리는 사람들을 감옥에 보내는 것이다. 그러면 거리에 버려지는 쓰레기는 줄어들 수밖에 없다. 이것이 바로 구조적 개선을 통한 행동의 설계다. 이처럼 어떻게 구조적 제약이나 억제 장치, 촉진 장치를 설정해주고 특정한 방향으로 유도하느냐에 따라 인간의 행동에 구체적인 변화를 불러일으킬 수 있다.

구조적 환경을 개선(이하 '구조적 개선')한다는 것은, 당면한 문제를 해결하고자 막연히 당사자에게 의식적 행동 변화와 의지적 실천을 요구하기보다는 당사자를 둘러싼 다양한 환경 요인을 바꾸어줌으로써 그의 행동 변화를 불러일으키는 방식으로 문제를 해결함을 의미한다. 이는 집단적인 층위는 물론 특정한 행동을 교정하거나 실천하는 개인적 층위에서도 주효하다. 공부하지 않는 것이 문제라면 '공부를 열심히 하기로 결심하고 실천하기'보다는 '공부가 더 잘되거나, 공부하지 않으면 안 되는 상황을 만들기'가 더 효과적일 수 있으며, 후자가 구조적 개선 방법이 되는 것이다.

여러 차례 이야기했지만, 평균에 해당하는 사람은 스스로 의지를 불태운다고 해서 그 불꽃이 얼마나 지속될지 알 수 없다. 실제로 이렇듯 넘치는 의지가 금방 사그라들고 마는 경험을 해보지 않았나. 따라서 늘 그래왔던 것처럼 반복해서 후회할 바에는, 구조적 환경을 개선하여 자신의 행동 양식을 바꾸는 것이 좀 더 근본적인 해결책이 될 수 있다.

나를 둘러싼 대부분의 구조적 환경은 대개 너무 당연하다고 생각하는 것들이다. 이런 환경 요소들을 필요에 따라 자신의 목표에 맞게 고쳐나감으로써 스스로 행동까지도 적절히 통제하고 유도할 수 있다. 특정한 방향으로 행동하게끔 길을 터주는 구조적 개선은 평균에 해당하는 사람이 평균보다 공부를 더 많이, 열심히 할 수 있게 도와준다. 이 믿음이야말로 나의 공부 환경을 좀 더 나은 상태로 바꾸는 시발점이 되어줄 것이다.

사실 '구조적 개선'이란 족보 없는 개념이다. 이런 개념을 필자 스스로 주창하자니 민망하기도 하지만 이를 통해 나 자신을 바꿀 수 있다는 믿음은 필자의 실천과 경험을 통해 더욱 견고해졌다. 구조적으로 문제를 해결하고자 의식적으로 잔머리를 굴릴 때도 있고, 살다 보니 어쩌다가 깨달음을 얻은 부분도 있었다. 그간의 경험을 솔직하게 공유해보겠다.

텔레비전을 내다 버린 이유

　고등학교 때 야간자율학습을 마치고 집에 오면 열한 시 정도가 되었는데, 그때마다 어머니는 거실에서 텔레비전을 보고 계셨다. 열한 시면 황금 시간대였으므로 인기 드라마나 예능 프로그램이 방영하고 있었다. 귀가하자마자 눈에 띄는 것이 재미있는 방송 프로그램이다 보니 어머니를 따라 시청하다 보면 열두 시를 훌쩍 넘기기 부지기수였고, 자기 전에 해야 할 일들을 못하거나 잠자는 시간을 줄여서 끝마치니 다음 날 피곤함에 시달리는 악순환이 반복되었다. 이것이 습관이 되다 보니 주말에도 인기 예능 프로그램을 보면서 멍하니 시간을 보내는 경우가 많았다.

　줄곧 텔레비전을 보고 나면 재미는 있었다. 그런데 해야 할 공부는 태산이고 숙제는 밀려 있고 인생은 바뀐 것이 없으니 항상 후회가 밀려왔다. 보더라도 조금만 보고 다시는 이렇게 하지 말아야겠다고 다짐했지만, 그때뿐이고 후회하고 다짐하기를 반복했다.

　고등학교 2학년이 되자 이것은 내 의지의 문제가 아니라 텔레비전 존재 자체가 문제라고 생각했다. 그래서 결국 어머니와 협의를 해 직접 텔레비전을 내다 버렸다. 당시만 해도 집에 있던 텔레비전은 부피가 큰 브라운관 텔레비전이어서 무게도 만만찮았는데 낑낑대며 기어코 쓰레기장에 직접 내놓았다. 그 후로는 텔레비전의 유혹에서 완전히 벗어났고 '나는 왜 해야 할 만사를 제쳐두고 텔레비전만 보는가'에 대해서도 다시는 고민한 적이 없다. 당연히 자율학습을 하고 집에 와서 해야 할 일들에 대해서도 방해받을 일이 적어졌다. 어머니께는 참 죄송한 일이지만 한 번 텔레비전을 버리고 나자 다시 사는 것도 애매해서 필자가 군대에 다녀오기 전까지 본가에는 텔레비전이 없었다. 그때부터 텔레비전 없는 환경에 익숙해져서 10년이 지난 지금도 필자는 텔레비전을 거의 보지 않는다.

첩보 영화를 방불케 한 모니터 사수 작전

텔레비전을 내다 버린 사례와 같이 내적 갈등의 원천을 물리적으로 완전히 제거하는 행위의 효과는 사실 아주 어려서부터 체득한 것이었다. 97년도인가, 당시 필자의 집에는 지금은 이름도 까마득한 천리안, 나우누리, 하이텔 등 PC통신이 가능한 컴퓨터가 있었다. 이때만 해도 모뎀을 써서 집 전화를 먹통으로 만들어야만 PC통신에 접속할 수 있었는데, 필자가 초등학생이 된

2000년대에 들어서고 인터넷 전용망이 보급되어 통신비용이 많이 저렴해진 덕에 그때부터 컴퓨터로 온갖 재미있는 인터넷 서핑과 온라인 게임을 마음껏 할 수 있게 됐다.

20여 년 전이나 지금이나 자식이 온종일 모니터만 쳐다보고 있다면 부모는 당연히 걱정이 앞선다. 필자의 어머니께서도 예외는 아니었고, 주중이나 주말 밤낮을 가리지 않고 컴퓨터만 붙잡고 있는 필자와 형을 보며 크게 우려하셨다. 당시 어머니께서는 직장에 다니셨는데, 아침에 출근했다가 저녁에 퇴근하여 귀가할 때까지 컴퓨터를 그대로 두었다가는 아이들이 매일같이 만사 제쳐두고 하교하자마자 집으로 달려와 종일 컴퓨터를 할 게 불 보듯 뻔하였기에 더 걱정되셨을 거다. 어머니께서 가장 손쉬운 해결책으로 생각해내신 방법은 컴퓨터 본체와 모니터를 연결하는 케이블을 감추는 것이었다. 컴퓨터 선을 통제하겠노라는 소식을 처음 들었을 때 형과 나는 이제 평일에 마음껏 컴퓨터를 쓰지 못한다는 사실에 세상이 무너지는 것 같았다.

그러나 어머니는 출근할 때 아예 직장에 모니터 케이블을 들고 가겠다고 선언하신 것과 달리 안방 장롱 깊숙이 모니터 선을 감춘 다음 출근하셨고, 우리는 그 사실을 깨닫는 데에 오랜 시간이 걸리지 않았다. 어차피 집 안에서 서로 무엇을 하고 지내는지 뻔히 보이는 식구여서 어머니의 비밀을 알아채는 것은 어렵지 않았다. 또 당시 모니터 케이블은 길이도 길이거니와 굵기도 굵었기 때문에 핸드백에 넣어 들고 다니기가 여간 귀찮은 것이 아니었을 것이다.

물리적으로 완전히 차단된 줄 알았는데 컴퓨터에 접근할 수 있다는 걸 알게 되자, 형과 필자는 몰래 컴퓨터를 하다가 어머니께 들켜 혼날 수도 있다는 위험 감각이 점차 무뎌졌다. 몰래 컴퓨터를 하는 재미와 적발되지 않을 수 있다는 묘한 스릴이 합쳐져 매일같이 몰컴(몰래 컴퓨터)을 하고 안 한 척하는 촌극이 이어졌다.

몰래 컴퓨터를 할 때면 항상 어머니의 귀가 시간 30분 전쯤에 컴퓨터를 사용한 흔적을 정리하고 아무 일 없었다는 듯 연기하는 것이 일상이었다. 그러다가 어머니가 조금 일찍 퇴근이라도 하시는 날이면 첩보 영화를 방불케 하는 장면이 연출됐다. 컴퓨터를 하는 동안 신경이 곤두선 채로 집 밖에서 들려오는 엘리베이터 도착 소리를 주의 깊게 듣고 있다가, 우리 집이 있는 층에서 엘리베이터가 멈추는 듯한 소리가 들리면 얼른 컴퓨터 전원 버튼을 누르고 케이블을 뽑은 다음 안방에 가져다 놓는 것이다. 여기까지 민첩하게 움직여야 하는데, 우리에게 주어지는 시간은 5초 남짓이었다. 어머니는 자신이 일찍 집에 돌아오는 날마다 집 안에서 우당탕 소리가 들리거나 어떤 때에는 별안간 컴퓨터 전원이 켜져 있으니 이상할 법도 하셨을 터. 거기다가 컴퓨터를 하지 않았다면 화면에 불이 들어올 일이 없는 모니터가 어떨 땐 뜨끈뜨끈해져 있으니 자식놈들이 몰래 컴퓨터를 하고 있었다는 걸 금세 알아차리셨을 거다. 물론 모니터의 열감으로 컴퓨터를 했는지 안 했는지 확인하는 방법은 꽤나 나중에 깨닫긴 하셨지만 말이다.

어쨌거나 무엇인가 잘못됐다는 사실을 눈치챈 어머니께서는 마침내 문제를 인지하고 정말로 출근길에 모니터 케이블을 가져가기로 결심하셨다. 필자보다 네 살이 많았던 형은 어머니의 이러한 중대 결심 이후에도 컴퓨터를 할 방법을 찾으려 최선을 다해 노력했다. 그 결과 최후의 수단으로 당시 건넌방에 방치되어 있던 CRT 모니터를 낑낑대며 들고 와 본체에 연결해서 쓰기에 이르렀다. 당시 이 모니터는 브라운관을 사용한 구식 모니터로 부피가 크고 무게가 상당하였는데, 이걸 들고 와서 쓸 정도였으니 형이 매우 격렬하게 자신의 운명에 저항했다고 해도 과언이 아니다.

필자의 형과 필자가 공부는 뒷전이고 컴퓨터만 붙들고 있는 문제에 대해 어머니께서 선택한 해결책은 간단명료했다. 어머니는 자식들을 격렬히 훈계하고 질책하며 자식들의 생각을 교정하려 하지 않았다. 그보다는 아예 같은 일이 되풀이되지 않도록 케이블을 자동차에다가 보관하거나 직접 들고 출근하는 방법을 택했다. 구조적으로 우리가 '몰컴'을 할 수 없도록 아예 차단한 것이다. 그 덕에 평일에 집에서 과도하게 컴퓨터만 붙들고 있던 습관을 어느 정도 고칠 수 있었다.

물론 집에서 컴퓨터를 하지 못하게 한다고 해서 컴퓨터를 아예 하지 못하는 상황은 아니었다. 집 밖에 나가면 얼마든지 할 수 있으니 말이다. 그렇지만 PC방에 가려면 돈이 필요한데 돈줄 역시 어머니께서 쥐고 있었으니 PC방에 가고 싶어도 그렇게 할 수가 없었다. 그래서 필자는 차라리 그 시간에 운동이나 하자는 생각으로 농구나 축구를 했고, 만사 제치고 집으로 달려와 컴퓨터부터 하던 습관은 더 건강하게 바뀌었다. 이 구조적 개선은 분명히 효험이 있었던 셈이다.

당시에는 어린 마음에 삶의 즐거움을 빼앗는 구조적 차단 행위에 세상이 무너지는 슬픔을 느꼈다. 그러나 그것도 잠시, '아예 못하게 하면 원래 그런가 보다' 하고 사는 게 인간이라는 것임을 깨닫고 나서는 나 자신을 통제하고 길들이는 효과적인 방법이 무엇인지 생각해보게 되었다.

게임을 단칼에 그만둔 계기

필자는 PC게임의 보급기에 성장했고 온라인 게임 활성화 시기에 청소년기를 보냈다. 그래서 학창 시절 게임이란 필자의 삶에서 빼놓을 수 없는 부분이었다. 이 시기에 필자는 정말 다양한 종류의 게임을 했다. 그런데 열정을 다 바쳐서 하다가 단칼에 게임을 그만둔 계기가 있었다. 2가지 온라인 게임이 결정적인 역할을 했는데, 초등학생 때 온 힘을 다 바쳤던 라그나로크 온라인과 수능이 끝나고 집 안에 틀어박혀 매일같이 했던 메이플스토리다. 게임을 열정적으로 하다가 하루아침에 그만두는 경험은 사실 흔치 않다. 보통은 게임을 하다가 사소한 불만이 쌓이거나, 유저의 구성이 변하며 재미를 잃거나, 너무 많이 해서 점점 질리거나 하는 등 어떤 이유로 게임을 하는 빈도가 줄어들다가 서서히 그만두는 경우가 더 많다. 그런데 이 두 게임만큼은 하루아침에 미련 없이 뚝 끊어버렸다.

라그나로크의 경우, 형 친구가 공짜로 주었던 아이템이 해킹을 통해 얻은 장물이라서 계정이 비활성화되었다. 당시 필자는 어렸고, 운영자와 조치의 정당성에 대해 다투는 방법을 몰랐기에 말끔히 포기했다. 또 하나 메이플스토리의 경우, 어느 날 갑자기 해킹을 당했다. 당시 키우던 캐릭터가 팬티 바람에 모자만

쓴 채로 덩그러니 있었고 나머지 아이템까지 다 강탈당한 모습을 목격하고는 마찬가지로 말끔히 접었다. 특히 메이플스토리 해킹 사건은 스무 살 문턱에 들어선 필자에게 강렬한 인상을 남겼다. 그 시기는 입시 준비로 고단했던 수험 생활을 마치고 모처럼 여유가 넘치던 때였고, 자나 깨나 게임 생각밖에 없었던 때였다. 게임에 대한 의욕이 한창 물이 올랐을 때였는데, 해킹이라는 불상사를 겪으며 이 의욕이 단숨에 꺾이는 경험을 한 것이다. 이 사건을 통해 현실과 괴리된 게임 속 세계에 대해 다시금 깊이 생각해보는 계기가 되었다.

물론 그 후에도 중독될 만큼 큰 재미를 느낀 게임이 아예 없었던 것은 아니다. 해마다 출시되는 블록버스터급 MMORPG, 남들이 다 하는 리그 오브 레전드, 짬짬이 시간을 내어 할 수 있는 모바일 게임 등 여러 재미있는 게임들이 나올 때마다 해보기는 했다. 하지만 이 두 게임을 계기로 어떠한 게임에도 그렇게 깊이 몰입되지 않았다. 게임에 빠져들어 중독되는 듯한 느낌이 들면 언제든지 게임 속의 캐릭터, 게임 속의 나를 망쳐버리는 방식으로 흥미를 덜어냈다. 무슨 말인가 하면 게임을 하면서 필자가 키우던 캐릭터나 아바타를 망치거나, 아이템을 버리거나, 계정 비밀번호를 무작위로 바꿔버린 것이다.

물론 이 방법을 쓴 것은 게임 속 세계에 몰입하는 것도 구조적으로 차단할 수 있다는 걸 깨달은 다음의 이야기다. 이러한 구조적 개선법을 깨달은 계기는 해킹이라는, 자의가 아닌 타의에 의한 강제 개선이긴 했지만, 그 효과를 알게 되었으니 내 손으로 저질러버리면 더는 타의가 아닌 자의로 행하는 바람직한 구조적 개선이 아니겠나. 지나치게 게임에 몰입하는 걸 막을 수 있는 구조적 개선법을 찾은 이후에는 이렇듯 스스로 멈추는 것이 어렵지 않게 되었다. 물론 그 바탕에는 게임에 아무리 몰두해봤자 결국 어느 순간에는 현실의 삶과 마주해야 한다는 냉엄한 현실 인식을 해야 했지만 말이다.

공부하지 않는 게 문제라면 공부를 열심히 해야겠다고 결심하는 것보다 공부가 더 잘되거나 공부하지 않으면 안 되는 상황을 만드는 것이 효과적일 수 있다. 우리는 이미 의지를 다지고도 금방 사그라들고 마는 경험을 해보지 않았나. 환경을 개선하여 자신의 행동 양식을 바꾸는 구조적 개선이야말로 우리가 공부를 더 많이, 열심히 할 수 있게 도와줄 것이다.

의지는 학습 능률을
절대 높이지 못한다

    앞서 제시한 사례들을 비롯해 다양한 경험을 하며 필자는 스스로 어떤 면에서 조작법이 분명한 기계와 같다고 생각하게 됐다. 외부에서 받은 자극이나 비가역적으로 보이는 환경의 변화에 맞추어 필자의 행동 양식이 예측 가능한 방향으로 정렬되는 모습을 목격했기 때문이다. 마치 먹이를 주기 전에 종을 치면 침을 흘리도록 반복 훈련된 파블로프의 개처럼, 필자를 둘러싼 구조적 환경과 조건에 따라 필자가 예상에서 크게 벗어나지 않는 행동을 한다는 것을 깨달은 것이다. 비단 공부와 관련된 문제가 아니더라도 말이다. 구조적 환경에 대해 필자가 예측 가능한 방식으로 반응한다는 걸 깨닫고 나서는 이를 일상에도 적용하였는데, 나의 부족함을 구조적으로 개선해나가고 스스로 추구하는 삶의 방식대로 살아가는 데에 이것이 큰 영향을 주었다.

그중에는 좀 엉뚱하다고 생각할 법한 부분도 있는데, 일례로 나는 우산을 좀처럼 쓰지 않는다. 평생 살면서 잃어버린 우산이 족히 스무 개는 될 것이다. 사실 이는 아주 어린 시절부터 지금까지 고치지 못하는 습관이기도 하다. 지금껏 우산을 들고 나갔다가 지하철이나 버스, 택시, 학교, 식당 등 곳곳에 우산을 두고 와서 찾지 못한 경우가 잦았다. 그래서 한 가지 방법을 고안해냈고, 이 방법을 쓰고 난 다음부터는 우산을 거의 잃어버리지 않는다. 평생을 시달렸던 우산 잃어버리는 습관을 과연 어떻게 고친 것일까?

방법은 간단하다. 우산을 쓰지 않으면 된다. 부득이 우산을 써야 하는 날에는 잃어버릴 각오로 우산을 가지고 집을 나서는데, 당연히 잃어버릴 거라고 생각해서 그런지 웬만하면 우산을 들고 나가지 않는 편이다. 어쨌든 우산을 들고 나가지 않으니 우산을 잃어버릴 일도 없다. 비가 적게 오면 비를 맞고, 비가 많이 오면 우비를 쓴다.

물론 이 방법을 다른 이들에게 권하지는 않는다. 필자의 경우에 한정해서 그렇게 하는 것이다. 우산을 잃어버리는 것이 지긋지긋하기도 하고, 5만 원이 넘는 고급 장우산을 잃어버리고 나서는 우산만 들고 나가면 잃어버리는 습관을 의지만으로 개선하는 일을 포기했다. 다른 일로 늘 바쁘다 보니 비가 그치면 우산을 챙기는 일이 쉽지 않기도 했고, 우산을 잃어버리는 게 너무 오래된 습관일뿐더러 비가 365일 내내 오는 것도 아니다 보니 차라리 내게는 그편이 나았다.

어떻게 보면 너무 극단적이고 바보같이 보일 수도 있지만, 우산을 잃어버리는 못된 습관은 우산을 아예 쓰지 않는다고 하는 구조적 개선을 통해 고칠 수 있다. 우산을 들고 나가지 않으면 우산을 잃어버릴 일이 없지 않나. 이런 방식으로 우산 분실에 대한 위험을 아예 차단해버리는 것이다. 우산을 쓰지 않고도 비를 덜 맞거나 맞지 않는 또 다른 방법도 있다. 재빨리 비를 피할 수 있는 곳으로 뛰어다니거나, 도저히 맞을 양이 아니라면 우비를 입고 다니는 것이다. 우산을 잃어버리지 않으려고 비를 맞거나 피해 다닌다는 게 상당히 이상해 보일 수 있지만, 우산을 분실하지 않는다는 목적에는 최선의 해결책인 셈이다.

발상의 전환이라고 하기에는 실소가 터질 만한 이런 구조적 행동 설계는 필자가 스스로 삶의 궤적을 그리는 데에 굉장한 영향을 끼쳤다. 지금은 그만두었지만, 필자는 지난 10여 년 동안 위험을 무릅쓰고 오토바이를 탔었다. 특별히 속도감을 즐긴다거나 모터사이클을 즐기는 부류여서가 아니라 오로지 실용성 때문에 선택한 방법이었다.

　20대 초반부터 오토바이를 탄 것은 궁여지책으로 생각했던 또 하나의 '구조적 개선' 방법이었다. 사실 필자는 서울대 경영학과에 입학하고 나서 첫 학기를 맞이했을 때에 정상적인 졸업이 가능할지 의심스러울 정도로 답답한 시기를 보내고 있었다. 당시 친구들 사이에서도 소문이 자자하길, 보통 신입생의 경우 첫 학기에는 18학점을 이수하는데 필자 혼자서 6학점만 이수한 것이다. 6학점을 이수한다는 것은 일주일에 6시간만 수업을 들었다는 뜻이고, 쉬는 시간을 빼면 5시간밖에 수업을 듣지 않았다는 거다.

　이런 결정을 내린 데에는 사실 등하교 문제가 결정적이었다. 당시 살고 있던 집이 이수역 부근이었는데 서울대학교까지의 거리가 5km 미만으로 가까웠지만, 교통편이 아주 난해했다. 이수역에서 서울대입구역까지는 지하철역으로 세 정거장(이수역-사당역-낙성대역-서울대입구역)뿐이 안 되었지만, 실제로 집에서 가려면 마을버스를 한 번 타고 이수역까지 간 다음 다시 지하철을 타고 서울대입구역까지 가야 했고, 서울대입구역에서 내리면 역 앞에 줄을 서서 시내버스를 타고 학교 정문까지 다시 들어가야 했다. 그래서 빨라야 50분 정도가 걸렸고, 재수가 없어 마을

버스든, 시내버스든, 지하철이든 한 번 놓치기라도 했다가는 등교하는 데만 1시간 10분이 훌쩍 넘어갔다.

캠퍼스도 넓다 보니 경영대가 아닌 다른 단과대학 수업이 있는 날이면 이동 거리가 더 늘어나 어떤 날에는 등교하는 데 하루 2시간 30분가량을 써야 하는 난처한 상황이 연출된 것이다. 광진구 중곡동에 있는 대원외고로 등하교할 때보다 직선거리로만 따지면 등하교 거리가 4분의 1로 줄었는데 이런 상황 때문에 대학에 와서 등하교하는 시간이 딱히 줄어들지 않았다.

대학생이 되어 과외를 해서 돈도 벌고 술도 마시고 친구들이랑 어울려 놀고 음악 활동도 하고 싶었는데, 이런 고단한 등하교는 그야말로 괴로움의 연속이었다. 당시에는 스마트폰이 막 보급되던 시기여서 지금처럼 대중교통으로 이동하는 동안 스마트폰을 가지고 자유자재로 무언가를 할 수 있는 여건도 아니었으니 그 긴 시간을 무료하게 보내야 했다.

더군다나 고등학교 때야 지하철로 열두 정거장을 이동해도 자리에 앉아서 편히 갈 수 있을 때가 많아 몰랐는데, 대학교에 갈 때는 정거장은 얼마 안 됐지만 계속 갈아타고 줄을 서야 해서 피로감이 상당했다. 학교에 가서 수업을 듣고 집에 돌아오면 아무것도 할 수 없을 정도라 짜증이 북받쳤다. 이렇듯 거리상으로는 분명히 가까운데 막상 가려고 보면 택시를 타지 않는 한 머나먼

여행을 떠나듯 오래 걸려서 학교 다니는 의욕이 확 꺾였다.

어떻게 보면 그땐 필자가 어렸던 때라 인내심이 부족하고 요령도 없어서 그런 것이라고 할 수도 있다. 하지만 이대로라면 대책이 없다고 판단한 필자는 의지를 다져서 열심히 학교에 다녀보겠다는 생각 대신 이를 구조적으로 개선해보기로 했다. 바로 기동성을 확보해 등하교에 드는 시간을 최대한 절약하고 내 페이스대로 학교에 다니기로 한 것이다. 입학 첫 학기에 폭풍처럼 여러 과목을 수강 취소하고 나서 전격적으로 오토바이를 선택했고, 그 이후 대학교는 물론 대학원을 졸업할 때까지 꾸준히 오토바이로 등하교를 했다.

오토바이를 타고 난 후로 1시간이 넘게 걸리던 아침 등교 시간은 넉넉잡아 15분으로 단축됐고, 하루에 2~3시간이 소요되던 등하교 시간이 30분으로 줄어들었다. 하루 24시간 중 8시간은 수면에 할애하고, 위생 관리 등에 쓰는 시간을 1시간 정도로 보면 실제 눈 뜨고 활동하는 시간은 15시간 정도이다. 필자는 오토바이를 이용하는 것으로 등하교 방법을 구조적으로 개선하여 전보다 매일 2시간 정도를 더 확보할 수 있게 되었다.

이렇듯 활용할 수 있는 시간이 늘어나니 학교에 다니는 동시에 과외를 세 개씩 해서 집안에 손 벌리지 않고도 당당히 생활할 수 있었다. 그뿐만 아니라 매일 아침저녁에 오토바이로 등하교하며 당시 최고의 관심사였던 노래와 음악을 훈련하기 위해 운전 중에 발성 연습도 할 수 있었다. 남들보다 많은 활동을 하더라도 덜 지쳐서 다양한 활동을 시도해볼 수 있었고, 여러 분야에 걸쳐 압축적으로 최대 효율을 낼 수 있었다.

이렇듯 필자의 20대 상당 부분은 오토바이가 만들어낸 것이라 해도 과언이 아니다. 단순히 새로운 운송 수단을 생각해내 등하교를 좀 더 편하게 한 것일 뿐이지만 이 덕분에 대학교 이후의 학업을 훨씬 더 효과적으로 수행할 수 있었다. 지금이야 더는 오토바이를 타지 않지만, 필자가 서울대학교의 학부 과정과 대학원 과정을 마치는 데에 기동성 측면의 구조적 개선이 없었다면 아마도 대학원 진학도, 학업과 병행한 다양한 활동도 하지 못했을 것이다.

다만 오토바이는 워낙 위험하고 필자 역시 오토바이를 몰다가 자잘한 사건·사고를 겪었기 때문에 다른 사람들에게는 절대 권하지 않는다. 오죽하면 오토바이를 탈 때 세 번을 자빠져야 두 발로 선다고 하지 않나. 다만 이러한 필자의 구체적인 경험은 구조적 개선이 어떻게 개인의 행동과 삶을 좀 더 나은 방향으로 개선해줄 수 있는지를 설명하기 위함이니, 이런 메시지만 주의 깊게 보면 된다. 각자의 상황에 맞게 구조적 개선 방안을 고민해보고 실천하면 분명 더 나아질 수 있다. 필자가 살면서 극적으로 체험해왔기에 자신 있게 그 영험함을 권할 수 있는 것이다. 따라서 이러한 믿음을 갖는 것이 일단 중요하다.

구조적 개선이라는 말은 듣기에는 거창할지 몰라도 사실 별다른 것이 아니다. 필연적으로 개선된 결과를 불러오리라 예상되는 생활상의 여건 조성에 필요한 일들을 과감히 실행에 옮기는 것에 불과하다. 상황 자체를 바꿈으로써 스스로 행동 양식에 변화를 주고, 그로 인해 필연적으로 개선된 결과를 기대하는 것이다.

예컨대 스스로 영어 회화 실력이 부족하다면 내일부터 영어 회화를 공부하겠다고 의지를 다지는 것보다 영어로 소통하지 않으면 안 되는 환경에 나 자신을 내던지는 것이 구조적 개선의 방법이다. 자꾸 특정 물건을 잃어버리는 습관이 있다면 잃어버리지 말아야지 되뇌는 것보다 물건을 몸에 매달아놓거나 아예 들고 다니지 않으면 된다. 밤새도록 게임하는 생활 습관을 가지고 있던 20대 청년들이 군대에 가면 규칙적으로 생활하는 청년으로 탈바꿈하는 것도 의지보다 그들의 주변 환경 자체를 바꿔 줬기 때문이다.

이처럼 의지를 다져 자신을 변화시키지 않고 스스로 어쩔 수 없이 변할 수밖에 없는 구조적 환경에 일단 자신을 던져놓는 방법은 아주 다양하다. 또 그 방법이 어려운 것도 아니다. 이러한 구조적 개선을 통해 자신에게 변화를 주고자 하는 의욕과 어떠한 구조적 요소가 자신에게 변화를 가져다줄 수 있는지 탐구하는 자세, 그러한 구조적 설계를 행동으로 옮길 수 있는 결단력만 있으면 누구든 구조적 개선법을 실천할 수 있다. 그것이 준비되었다면 그 어떠한 의지적 결심보다도 많은 것을 효과적으로 바꿀 수 있다.

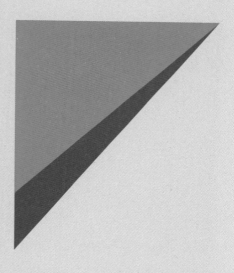

스스로 영어 회화 실력이 부족하다면 내일부터 영어 회화를 공부하겠다고 의지를 다지는 것보다 영어로 소통하지 않으면 안 되는 환경에 나 자신을 내던져라. 더는 스스로 의지를 다져 자신을 변화시킬 수 있다고 믿지 말자. 어쩔 수 없이 변할 수밖에 없는 구조적 환경에 일단 자신을 던져놓자. 그것이 더 효과적이다.

공부 방해 요소는
단칼에 제거하라

 구조적 개선을 학습 과정에 적용하고자 할 때 가장 먼저 떠올릴 수 있는 것은 공부에 방해되는 요소들을 제거하는 것이다. 앞서 이야기했듯 세상에는 공부보다 재미있는 것들이 참 많다. 공부가 재미있는 사람이라도 정규 교육 과정이나 자신이 준비하는 시험에서 요구하는 모든 과목이 다 재미있기는 힘들다. 누구나 재미없는 공부는 있기 마련이라 언제든 자신을 덮치는 유혹과 싸워야 한다. 사람마다 취향이 다르다 보니 각자 싸워야 할 유혹의 종류도 다양할 텐데, 어떤 것들이 공부를 방해하는 요소로 작용할까?

 필자의 경우, 청소년 시절에 많이 겪었던 유혹은 음악이었다.

종종 사람들에게 '공부할 때마다 음악을 듣고 싶은데 방해되지 않겠느냐?'는 질문을 받는다. 이렇게 질문하는 사람들은 대개 음악을 아주 사랑하는 이들이다. 이런 질문을 한 까닭도 결국에는 '방해되지 않으니 공부할 때 이어폰을 꽂고 음악을 들어도 된다'는 대답을 듣고 싶어서일 것이다.

그러나 단 한 번도 그렇게 대답해준 적은 없다. 필자도 음악을 너무 좋아해서 학창 시절 온종일 이어폰을 귀에 꽂고 살았다. 그래서 안다. 음악을 듣는다는 그 자체가 음악에 정신이 팔린 것이라는 걸 말이다. 사실 공부에 집중하면 음악 소리는 신경도 쓰이지 않을 것이다. 음악이 들리지 않는다면 구태여 음악을 틀어놓을 이유도 없다. 또 그런 몰입 상태에 빠지기 전에 울려 퍼지는 음악 소리는 방해가 되니 굳이 그걸 들어가며 공부할 필요도 없다.

물론 필자도 어렸을 적부터 가수를, 대중음악 작곡가를 동경해와서 그런지 음악의 유혹을 참아내기가 어려웠다. 특히 감수성 풍부한 학창 시절에 마음을 위로해주는 음악을 포기하기가 그렇게나 힘들었다. 공부하다가 잠깐 짬이 나서 듣는 음악, 학교를 오가며 음미하는 음악에 귀 기울이는 것은 나름대로 감동이 있는 시간이었다. 그러나 음악에 정신이 팔리면 공부에 제대로 집중할 수 없었으니 결단을 내려야만 했다.

그래서 선택한 방법이 MP3 플레이어를 없애버리는 것이었다. 필자가 학창 시절을 보낼 때만 해도 아이폰이 세상에 나오기 전이라 MP3 플레이어를 가지고 다니면서 음악을 들었는데, 이것이 공부 방해 요소라고 생각하니 과감히 없애게 된 것이다. 가까운 고등학교 동창생들은 아는 이야기지만, MP3를 없애긴 했으나 음악은 듣고 싶으니 학교에서 친구들 MP3를 빌려다가 듣는 등 오만 진상을 다 부리고는 했다. 그런데 한두 번도 아니고 빌리는 것 자체가 불편하고 귀찮아져서 공부할 때 음악을 듣는 습관이 자연스럽게 사라지고 음악을 꼭 들어야겠다는 강한 열망도 사그라들게 되었다.

음악을 업으로 할 운명이거나 음악에 대단한 열정을 가지고 있었다면 아마도 이 정도의 불편함에 굴복하진 않았을 것이다. 하지만 불행인지 다행인지 필자에게는 성실히 공부에 임하는 것이 더 중요한 일이었다. 그래서 한때 청춘을 괴롭혔던 음악과 공부 사이의 갈등은 이렇듯 공부할 때 음악을 원천 봉쇄하는 구조적 개선으로 깔끔하게 정리했다.

지금은 스마트폰으로 온갖 일들을 다 할 수 있는 시대가 되었으니 지금은 구하기도 힘든 MP3 플레이어만 가져다 버린다고 해서 음악의 유혹에 빠진 분들이 문제를 해결할 수는 없을 것이다. 특히 손바닥 크기의 스마트폰 안에는 공부보다 재미있는 것들이 너무 많다. 음악뿐만 아니라 모바일 게임, 인터넷 커뮤니

티, 친구들과의 수다, 영화, 웹툰, 유튜브로 보는 예능과 코미디 콘텐츠 등 즐길 만한 게 다 들어 있으니 그만큼 우리가 견뎌야 할 유혹의 종류가 더 다양해진 셈이다. 공부보다 재미있는 것들은 계속해서 쏟아져 나오고 스마트폰은 이것들에 좀 더 쉽게 접근할 수 있게 해주니 공부하는 사람들의 고민이 더 깊어질 수밖에 없는 상황이다.

스마트폰이 공부를 방해하는 요소라면, 여기에 적용시킬 구조적 개선 역시 간단하다. 당연히 스마트폰을 없애버리는 것이다. 남의 일이라고 쉽게 말한다는 반발이 있을 수도 있지만, 서울대 로스쿨에 다니는 동안 실제로 이 방법을 택하는 가까운 지인들을 많이 목격하였다. 요즘 같은 세상에 공중전화가 있는 것도 아니니 스마트폰을 아예 쓰지 않는다는 게 사실상 쉽지는 않을 것이다. 그래서 타협한 것이 문자와 전화 기능 빼고는 사실상 다른 기능이 없는 피처폰을 사용하는 것이었다. 이 방법을 택한 학생들이 꽤 많았고 그들은 누구보다 스마트폰의 유혹에서 자유로워 보였다.

피처폰이 있어도 PC로 얼마든지 스마트폰으로 할 수 있는 일들을 해결할 수 있다고 하지만 생각해보라. 카카오톡으로 친구들과 잡담하려면 컴퓨터를 해야 하고, 유튜브를 보려면 컴퓨터로 봐야 하는데, 이는 생각보다 아주 불편한 일이다. 이런 불편한 상황에 자신을 몰아넣으면 자연스럽게 유혹의 원천으로부터 멀어지게 된다. 이런 고행길을 선택한 동기들은 공부보다 재미있는 것들을 구조적으로 차단하는 데에 성공하였다. 필자는 대학원을 다니며 공부와 업무를 병행해야 하는 사정이 있었고 공부보다는 업무가 훨씬 중요한 상황이 발생하여 스마트폰을 없앨 엄두는 내지 못했지만, 대학원 친구 중 일부가 감행한 이 구조적 특약 처방을 보고 탁월한 선택이라고 생각했다.

필자의 경우처럼 스마트폰을 없애지 못한다면 좀 더 세부적으로 구조적 개선을 실천할 수 있다. 가령 스마트폰에 설치된 특정 애플리케이션을 삭제해버리거나, 자주 이용하는 사이트 계정을 지워버리거나, 최소한 그 계정의 비밀번호를 바꿔버리는 방법이다. 이는 필자가 자주 사용하는 방법이기도 하다. 넷플릭스는 구조적 개선을 목적으로 필자의 스마트폰에서 지워진 대표적인 애플리케이션이다. 페이스북이나 인스타그램 역시 바쁠 때 SNS를 쳐다보는 것이 너무 싫어 삭제했다. 다만 SNS의 경우 애플리케이션을 삭제하더라도 웹브라우저를 통해 접속하다 보니 나중에는 계정 비밀번호를 기억하기 힘든 무작위 비밀번호로 고쳐놓기도 했다. 쓸데없이 들락거리는 인터넷 커뮤니티도 비밀번호를 바꾸어 접근하기 어렵게 만들어놓았다.

이렇게 접근 경로를 차단하거나, 완전히 차단하지 않더라도 다시 접근하기 성가시게 해놓으면 돌아갈 생각을 하기보다는 쉽게 포기하게 된다. 인간은 게으른 동물이기 때문이다. 우리를 가만히 내버려 두면 공부하기 귀찮아하는 것처럼, 아무리 재미있는 것들이라도 접근하기 번거롭고 불편하면 굳이 그 귀찮음을 극복해내려고 하지 않는 것이다. 귀찮음에 취약한 인간의 본성을 이용하면 바람직한 방향으로 나를 길들일 여지가 있는 셈이다.

사실 이런 방법들은 예전부터 있었다. 속세와의 차단(?)을 목적으로 산이나 절에 들어가 고시 공부를 하는 사람의 이야기를 들어본 적이 있지 않나. 불과 몇십 년 전만 하더라도 암자에 들어가 절밥을 먹으며 공부했다는 고시 합격 수기들이 눈에 띄었었다. 그런 이야기와 공부의 방해 요소를 제거하라는 말은 본질적으로 다르지 않다. 다만 지금은 과거보다 너무나 편하고 누릴 것이 많아졌기 때문에 절에 들어가는 것이 아닌 시대의 변화에 맞춰서 영리하게 해낼 필요가 있을 뿐이다. 막말로 요즘 같은 세상에 절에 들어가 책만 본다면 인터넷 강의는 어찌 들을 것이며 모의고사는 어떻게 치를 것인가.

지금은 공부에 방해되는 요소를 제거하고 구조적 개선을 이뤄내는 데에 과거에 그랬듯 암자에 들어가는 엄청난 결단력이 필요하지 않다. 그저 결심한 대로 실행에 옮길 수 있는 것부터 빠르게 실행하면 된다. 절에 들어갔다가 뛰쳐나오는 것보다는 스마트폰을 없애는 편이 조금 더 쉬운 결정일 수 있는데, 이것부터 해보는 것이다.

사실 방해 요소들을 차단하고 제거하더라도 다시 돌려놓을 수 있다. 충동적으로 과거로 회귀하고 싶다거나 공부가 아닌 즐거움을 맛보고 싶은 열망에 마음먹고 지웠던 게임을 다시 설치한다거나 없애버렸던 스마트폰을 다시 개통할 수 있는 것이다. 실제로 공부에 방해되는 것들을 결단력 있게 모두 없애버리는 구조적 개선을 시도하고도 다시 '구조적 회귀'를 시도한 경험을 필자도 여러 번 해보았다. 그러나 구조적 개선을 실천하는 과정에서 이러한 욕망의 충돌과 의지의 분열을 겪는 것은 필연적인 일이다. 이때 포기하지 않고 꿋꿋이 더 큰 틀에서 구조적 개선을 떠올리며 개선의 여지를 찾는 것이 매우 중요하다. 유혹이 찾아올 때마다 더 촘촘히 방해 요소들에 대한 구조적 차단을 시도해야 한다.

구조적으로 방해 요소를 차단할 때 고려해야 할 것이 2가지 있다. 바로 돈과 시간이다. 이는 평범한 사람들의 삶을 관통하는 공통 조건이기도 하다. 공부의 방해 요소를 차단하는 구조적 개선의 과정에서도 돈과 시간이라는 요소를 활용하면 효과를 볼 수 있다. 이를 적절히 이용할수록 되돌리기 힘든 심리적 장벽을 구축할 수 있기 때문이다. 쉽게 말해 내가 공부에 열중하고자 과감히 배수진을 쳐놨는데 열심히 공부하지 않았던 과거로 돌아가고 싶은 마음이 들 때, 돌아가는 데 들여야 하는 돈과 시간이 크면 클수록 다시 마음먹고 돌아가기가 어려워진다는 것이다.

물론 사람마다 삶의 여건에 따라 이 2가지 요소에 부여하는 의미가 다를 수는 있다. 그러나 둘 다 아낌없이 낭비할 수 있는 사람은 세상에 많지 않다. 스스로 생각하기에 둘 중에 하나라도 아쉽다면 이를 이용해 자신의 행동을 특정 방향으로 유도하는 구조적 개선을 실천해보라. 아마 큰 도움을 받을 것이다.

예를 들어 내가 즐겨 하던 게임의 계정 비밀번호를 바꿔두는 것과 게임 캐릭터 자체를 삭제하는 것 2가지 방법이 있다고 하자. 이 두 방법 사이에는 게임을 원래 상태로 즐기는 데에 도달하는 비용이 현저하게 차이가 난다. 만약 후자의 방법을 사용한다면 다시 게임을 즐기기가 쉽지 않을 것이다. 마찬가지로 친구들과 카카오톡으로 떠드는 것이 공부하는 데 결정적인 방해 요소라면 스마트폰에서 카카오톡을 삭제하는 것보다는 아예 피처폰으로 바꿔버리는 것이 더 효과적이다. 카카오톡을 손쉽게 즐길 수 있는 원래의 상태로 돌아가는 데에 시간 소모가 커서 쉽게 엄두가 나지 않을 것이기 때문이다. 기왕 구조적 개선을 하고자 한다면 더 화끈하게, 쉽게 되돌아오지 못할 방법을 선택할수록 원하는 효과를 더 크게 얻을 수 있다.

우울증도 낫게 해주고, 범죄자들도 개과천선한다는 금융 치료의 효험에 대해 들어본 적이 있는가? 금융 치료란 쉽게 말해 '돈으로 치료된다'는 개념이라 이해하면 된다. 가령 일이 힘들어 우울하거나 짜증이 날 때 통장에 꽂힌 수익 등을 보면 위로가 되거나 더 열심히 하게 된다는 게 여기에 해당한다. 유명 할리우드 배우들이 통장에 수익이 입금되기 전과 후에 따라 자기 관리하는 모습이 180도 달라지는 것도 어떻게 보면 여기에 해당할 수 있다.

이처럼 삶의 중요한 조건들을 내 행동의 변화와 직접 결부시키는 구조적 설계는 우리의 행동 방식을 개선하는 데에 도움을 주기 마련이다. 따라서 공부의 방해 요소를 제거하는 데에도 이를 슬기롭게 이용한다면 큰 효과를 누릴 수 있을 것이다.

불편한 상황에 자신을 몰아넣으면 자연스럽게 유혹의 원천
으로부터 멀어지게 된다. 아무리 재미있는 것이라도 접근할
수 없다거나, 다시 접근하기 불편하다면 접근하려 노력하기
보다 쉽게 포기해버리기 때문이다. 인간은 귀찮은 걸 싫어하
는 존재이니 말이다.

'할 수밖에 없는'
환경을 구축하라

공부를 위한 구조적 개선은 방해 요소를 제거하는 것뿐만 아니라 공부하는 방법이나 기술적 측면에도 적용해볼 수 있다. 2000년 중반 이후 보급된 인터넷 강의가 바꾼 교육 현장이 이를 단적으로 보여준다.

사교육의 중심지인 대치동과 강남 일대, 공무원 수험생들의 성지인 노량진 일대는 수험생의 열기로 여전히 후끈하다. 암암리에 이루어지는 입시 컨설팅, 코디네이팅, 고액 과외가 아직 음성적으로 성행하고 있으니 말이다. 그럼에도 불구하고 시장에서 각광 받는 강사의 수업을 듣는 데 이전보다 지리적 제약이 없어졌음은 분명하다. 그뿐만 아니라 시간대를 가리지 않고 강의

속도까지 조절하며 수강할 수 있게 되었다. 그러니 수험생들에게는 기술의 발전과 인터넷 교육 시장의 확대가 그 자체로 구조적 개선을 이루어낸 대표적 사례라고 할 수 있겠다.

필자 역시 이 대변혁기의 한가운데에서 학창 시절을 보냈는데, 이 편리해진 개선 환경에도 불구하고 필자를 오랫동안 괴롭혔던 학습 요소가 있었으니 그것은 바로 '필기'였다. 어렸을 때부터 선생님이 말하는 것을 빠짐없이 책이나 노트에 적어야 하는 것은 그 자체로 고역이었다. 그러나 예나 지금이나 변하지 않는 사실 한 가지는, 우수한 성적을 거두는 학생들은 대부분(사실상 거의 모두) 이런 괴로운 필기 과정을 성실히 견뎌낸다는 점이다. 그러나 필자는 이런 우등생들과는 다르게 필기하기를 무척 괴로워하고 그나마도 하다가 포기하거나 졸아서 놓쳐버린 적이 상당히 많아 이 부분에서만큼은 평균에 가까웠다.

중학교 교사였던 어머니에게 배운 필기의 개념은 선생님이 하는 이야기를 꼼꼼히 받아 적는 것이었다. 그러다 보면 거기에서 시험 문제가 출제될 것이니 빼먹지 말아야 한다는 이야기였다. 물론 그 배움은 틀린 것이 없었다. 그래서 중학교 1학년 때만 해도 삐뚤삐뚤한 글씨로 모든 과목 시간에 선생님이 가르쳐준 것을 빠짐없이 받아 적으려고 부단히 노력했다.

그런데 불과 중학교 1학년을 채 마치기도 전에 이런 열정은 금방 식어버리고 말았다. 선생님이 한 이야기를 빠짐없이 다 적는 것은 너무 따분할뿐더러 그 자체로 시간 낭비에 어리석은 행동이라고 생각해서다. 선생님마다 교육철학이 다르고 스스로 옳다고 생각하는 교수법이 다를 테지만, 공교육 과정에서 선생님마다 제공하는 강의의 수준이나 전달 방식은 정말 천차만별이었다. 어떤 선생님은 수업 시간마다 자기가 하고 싶은 이야기를 하다가 시험 기간이 다가오면 주르륵 교과서만 읽어주고 정작 시험 문제는 시중에 나온 문제집의 것과 비슷한 문제를 냈다. 또 어떤 선생님은 진급에 필요한 연구 활동을 위해 교과 내용을 충실히 전달한다기보다 희한한 교보재를 활용해 수업했다. 물론 '가르친 것에서 문제를 낸다'는 공통된 상식선에서 수업을 진행하는 경우가 많기는 했다. 그렇지만 때로는 학생들의 주의를 끌기 위해서, 때로는 그냥 본인이 하고 싶거나 그때그때 생각나는 이야기, 교과 내용보다 중요하다고 판단한 이야기를 섞어서 했다.

이렇다 보니 어머니의 가르침대로 선생님의 모든 이야기를 받아 적는 것은 큰 의미가 없어 보였다. 교과 내용과 관련이 없고 시험에도 출제하지 않겠다고 한 다음 이야기하면 모르겠는데 그런 구분 없이 이야기하는 경우에는 도무지 뭐가 진짜 필기해야 할 내용이고 뭐가 그렇지 않은 내용인지 분간하기 어려웠다. 물론 그걸 다 알았다면 선생님의 수업을 들을 필요도 없었겠지만 말이다.

필자는 어렸을 때부터 기존의 질서를 의심하고 합리적이지 못하다고 생각한 것에 반항심이 생기는 성향을 지니고 있었다. 어디서부터 어디까지가 공부에 필요한 내용인지, 어디까지 필기하며 들어야 하는지 일일이 고민하며 필기하는 것도 괴로웠지만, 묻지도 따지지도 않고 무조건 다 필기하기에는 들이는 노력에 비해 효용이 낮아 견딜 수가 없었다. 게다가 남들보다 글씨도 잘 못 쓰고 쓰는 속도도 느리니 고통이 갑절이었다.

당연히 이런 괴로움은 필기가 귀찮았던 필자의 게으름과 결합하여, 학년이 올라갈수록 문제가 되었다. 남들은 다 받아 적어서 알고 있는 내용을 혼자 빼먹어 모른다거나, 아예 어떤 부분은 자포자기하듯 필기를 하지 않아 책을 보면 텅 빈 부분이 있거나 했기 때문이었다. 당시 학교 공부를 하며 이런 구멍을 메울 방법은 많지 않았다. 그래서 꾸역꾸역 싫은 것을 참아가며 의지를 다지고 또 다지려고 했다. 그렇지만 결론적으로는 늘 실패했다. 그래서 필자는 학습 과정에서 무엇이 문제인지 알아도 의지만으로 문제를 개선하는 것이 정말 어렵다는 것을 누구보다도 잘 알고 있다.

어쨌거나 필기를 자꾸 빼먹거나 안 하면 불이익이 생긴다는 걸 너무 잘 알고 있으면서도 필자는 남들 다 하는 필기를 똑같이 하는 것이 그렇게 어려웠다. 궁여지책으로 시험 기간이 되면 마음씨 좋은 친구들에게 빌면서 책을 빌려다가 필기를 베끼긴 했지만, 필자는 결국 필기를 하지 못하는 약점을 완벽히 극복해내지 못했다. 하기 싫은 필기를 하는 시늉까지는 낼 수 있어도 완전무결하게 해내는 것은 아무리 다짐해봐도 귀찮고 성가셔서 개선할 수 없었던 탓이다.

학습에 있어서 개개인의 성향 차이를 고려하는 것은 알맞은 학습 방법을 찾는 데에도 큰 영향을 줄 수밖에 없다. 필자는 교수자의 강의를 들을 때 같은 학습 집단에 속한 학생들 사이에서도 산만하고 지루함을 많이 느끼는 편이었다. 이 때문에 중학교 때 다녔던 학원에서는 강사들에게 불려 가서 주의를 받은 적이 꽤 있었다. 또 고등학교 입학 직전에 다녔던 압구정의 모 유명 학원에 《북두의 권》이라는 만화책을 들고 가 쉬는 시간에 읽다가 압수당한 적도 있었다. 꽤 불쾌한 경험이었는데, 오히려 이런 경험이 이후의 학습 노선을 정하는 데에 중요한 계기가 되었다. 경직된 환경의 답답함, 강의의 따분함, 등·하원의 번거로움과 비싼 학원비를 아끼고 싶다는 욕심, 어머니의 경제적 부담을 덜어드리고 싶다는 약간의 효심을 가지고 다시는 입시학원에 가지 않겠다고 결심했기 때문이다.

결과적으로 이러한 결단은 매우 탁월한 선택이었다. 학원에 가는 대신 언제든지 껐다가 켤 수 있는 인터넷 강의에 더 많은 시간을 할애하며 내게 유리한 학습 방식을 설계할 수 있었기 때문이다. 내가 자주 활용했던 인터넷 강의의 경우, 유명 강사는 웬만하면 학습에 불필요한 잡담을 하지 않았고, 강사의 말이 느려서 견디기 힘든 강의는 2배속까지 해서 들을 수 있었으며 무엇보다도 교보재가 잘 준비되어 있어서 쓸데없이 필기를 할 필요가 없었다. 가뜩이나 필기가 하기 싫어 꾸역꾸역하던 내게는 이를 하지 않고 오직 배움에만 열중할 수 있는 환경이 조성된 것이니 그보다 좋은 학습 도구는 없었던 셈이다.

사실 고등학교 때까지만 해도, 특히 학교 공부를 하는데 능동적으로 구조적 개선을 이룰 여지는 많지 않았다. 수업 시간에 필기하기 싫다고 노트북으로 타이핑을 할 수도 없고, 선생님의 강의를 녹음해 들을 수 있는 것도 아니었으니까 말이다. 그러나 대학생이 되자 학습 방식을 훨씬 자유롭게 설계할 수 있게 됐다. 이러한 변화 덕분에 공부도 훨씬 수월해졌다. 괴로움을 참아가며 손글씨로 수업 내용을 받아 적는 대신 타이핑으로 손쉽게 필요한 내용을 받아 적으면 됐고, 대부분 교수님들이 강의 내용을 녹음해도 된다고 해서 필요하면 녹음한 내용을 바탕으로 필기할 수 있었기 때문에 훨씬 효율적이었다. 기술이 발전해서 필기

용으로 개발된 소프트웨어 중 어떤 것은 나중에 특정 필기 내용을 선택하면 그 부분을 녹음한 내용까지 바로 찾아 들어볼 수도 있어서 내게는 그야말로 안성맞춤이었다. 그래서 제법 만족스러운 학업 성취를 이룰 수 있었다.

효율적이면서도 나 자신에게 맞는 학습 방식을 찾으면서 20대에는 최소한의 노력을 들이고도 성과를 내며 꽤 재미를 보았지만, 로스쿨에 가고 나서는 또다시 문제에 봉착했다. 변호사 시험이 도입된 지 10년이 되도록 변함없이 수기로 수십 장의 답안지를 작성해야 하는 시험 방식이 바로 그것이었다. 2021년 제10회 변호사 시험 결과를 발표하면서 향후 컴퓨터를 활용한 변호사 시험을 도입하겠다는 법무부의 발표가 있었지만, 필자는 해당 사항이 없었고 그 변화 이전에 대학원 과정을 마치고 변호사 시험을 봐야 했기 때문에 큰 불편을 감수해야만 하는 상황이었다. 앞서 이야기하였다시피 필자는 글씨도 잘 못 쓰고 쓰는 속도도 느려서 학창 시절 필기하는 걸 싫어했는데, 이제는 꼼짝없이 3~4시간 동안 쉬지 않고 답안지에 손글씨를 줄줄이 쓰지 않으면 안 되는 상황에 놓인 것이다.

어쨌거나 상황이 바뀌었으니 이에 대한 대처법도 달라져야 했다. 학습 방법에 있어 다시 한번 구조적 개선이 필요했다. 그래서 1학년 과정을 시작하자마자 가장 먼저 했던 것이 '글씨 연습'이었다. 지금도 서점에 가면 찾아볼 수 있는, 고시생을 위한 서체인 '백강고시체' 전수 서적을 사서 단시간에 글씨 쓰는 속도를 높이는 연습을 시작했다. 글씨는 여전히 못생겼지만 그래도 연습을 통해 노하우를 좀 익히고 나자 이전보다 글씨 쓰는 속도가 현저히 빨라졌고, 그럭저럭 큰 손해 없이 법학 답안을 작성할 수 있었다. 아마 글씨 쓰는 법부터 다시 배우지 않았다면 시험 때마다 시간이 모자라 생각한 것들을 제대로 적지 못했을 것이다. 자연스럽게 대학원에서의 법학 공부와 변호사 시험 결과도 엉망이 되었을 것이고 말이다.

이 사례들을 통해 전달하고자 하는 바는, 자신의 상황에 맞는 유리한 구조적 환경을 고민해 실천한다면 학습 방법에 있어서 구조적 개선이 가능하다는 점이다. 강조하건대 단순히 공부를 열심히 하는 것, 의지를 불태워 교과 내용에 집중하자고 다짐하는 것만이 유일한 해답은 아니다. 과거에는 기술적 제약이나 경직된 환경으로 인해 불가능했던 일들이 지금은 가능하게 되었다. 그리고 앞으로 점점 더 그렇게 변해갈 것이다.

코로나바이러스로 인해 일선 공교육 현장은 물론 학원가, 고등교육기관까지 비대면 교수법을 사용하고 있다. 이에 따라 영상통신기술을 비롯한 다양한 통신기술에 의존해 학습 환경이 조성되고 있으며, 수험생은 이러한 환경에서 최대 효율을 낼 수 있도록 구조적 개선을 이뤄내는 것이 매우 중요해졌다. 예컨대 가까운 미래의 수험생들은 기본적으로 타이핑을 빠르고 정확하게 칠 수 있는 능력을 갖춰야 할 것이다. 그리고 글씨를 잘 쓰는 능력에서 타자를 잘 치는 능력으로 학습하는 데 요구되는 능력이 변해가듯, 세상이 바뀜에 따라 우수한 학생의 새로운 표준이 등장할 것이다. 이런 기술을 갖추고 있는 것은 학습을 위한 기초적, 도구적 방법이 되므로 이를 개선하는 것 자체가 학습의 효과나 효율을 향상시키는 구조적 개선법이 될 수 있다.

인터넷 강의나 타이핑, 손글씨 연습 외에도 필자는 스스로 학습 방법을 구조적으로 개선하고자 특이한 방법을 많이 시도했다. 예컨대 앉아서 공부하면 허리가 아프고 체력적으로도 더 부담되어 졸려서 잠깐 잠이 들더라도 누워서 공부하는 방식을 택했는데, 10년 넘게 해왔지만 특별한 문제 없이 공부하면서 삶의 행복도도 지키고 척추 건강도 나아졌다.

또 누워서 공부하거나 대중교통으로 이동할 때 공부하는 경우가 많다 보니 두꺼운 책을 들고 다니기가 불편해 책을 스캔해서 스마트폰이나 태블릿 PC에 넣어서 다니는데, 이런 방식으로 장소나 자세의 제약 없이 공부하도록 구조적 개선을 하여 효과를 톡톡히 봤다. 그렇지만 앞서 설명했듯 이는 필자에게 맞는 방법을 선택한 것이므로, 이를 독자들에게 곧이곧대로 권하는 데에는 무리가 있을 것이다. 특히 독자들 개인마다 각기 다른 삶의 양식과 성향을 타고났을 것이므로, 자신에게 맞는 방법을 고민하고 선택해야 할 것이다.

다만 필자가 확신할 수 있는 점 2가지가 있다. 자신에게 맞는 방법을 찾는 데 이 2가지를 되새기면 도움이 될 것이다. 첫째로, 이 책을 읽는 사람이 많으면 많을수록 독자들은 평균에 가까운 이들(공부법에 관심 있는, 평균에 해당하는 사람들)이라는 걸 통계적으로 짐작해볼 수 있다는 것, 평균에 해당하는 사람들도 충분히 고민하고 실천한다면 자신의 학습 방법을 설계하는 데 다양한 구조적 개선의 여지가 있다는 점이다. 그러니 필자처럼 글씨를 쓰는 것이 너무 싫은데 여태 손글씨로 꾸역꾸역 필기하고 있지는 않은지, 단지 남들이 다 한다는 이유만으로 다시 보지도 않을 요약본이나 오답 노트를 정리하고 있지는 않은지 스스로 되돌아볼 일이다. 결국 어떤 방법이 적합한지에 대한 정답은 본인만이 알 수 있다.

구조적 개선은 방해 요소를 제거하는 것뿐만 아니라 공부하는 방법이나 기술적 측면에도 적용할 수 있다. 만일 필기할 때마다 커다란 스트레스를 받는 반면, 인강을 반복해서 듣는 게 낫다면 후자를 선택하는 게 맞다. 나의 상황에 맞는 유리한 구조적 환경을 고민해 실천한다면 학습 방법에 있어 구조적 개선이 가능하다.

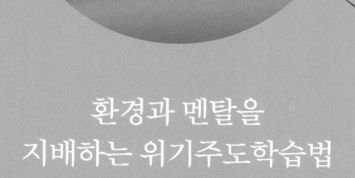

3장

환경과 멘탈을
지배하는 위기주도학습법

공부하기 싫은 본능을
거스를 수 있을까?

1시간 공부하고 100시간 공부한 효과를 볼 수 있는 공부법이 있으면 좋으련만. 아마 이 책을 집어 들었을 때 독자들이 바란 바도 이런 게 아니었을까. 누구나 어떤 일을 할 때 조금만 하고 효과는 크기를 바라기 마련이다. 거저먹기를 바라는 것은 본능이고 지극히 정상적인 마음가짐이다.

그런데 막상 거저먹으려 하면 생각처럼 잘되지 않는다. 특히 공부법 책을 여러 권 읽어본 독자들은 느꼈을 것이다. 막상 읽을 때는 이것만 읽으면 새사람이 되어 능숙한 공부 괴물이 될 것만 같았는데, 현실은 절대적인 시간을 투입하지 않고서는 절대 만족할 만한 결과를 얻을 수 없다는 걸 말이다. 결국 무언가를 더 잘하고 싶다면 더 많이 해야 한다. 숙명적으로 그래야만 하는 순간이 반드시 온다.

공부할 때는 내가 하고 싶은 공부만 할 수 없다 보니 싫어하는 내용도 들여다보아야 하는데, 그 상황 자체가 괴롭다. 괴로움을 딛고 무언가를 한다는 것은 답답한 일이다. 의욕이 나지 않는 게 당연하다.

무언가를 이루고자 괴로움을 이겨내고 나 자신을 불태워본 적이 있는가? 열정적으로 무언가에 몰두해 인생을 다 바치는 모습, 나의 모든 것을 남김없이 불태우는 모습이 멋있기는 하다. 평생을 그렇게 살면 얼마나 좋겠냐마는 사실 말처럼 쉽지 않다. 이것은 대부분 경험을 통해 알고 있다.

필자의 유튜브 채널 구독자들은 영상을 보고 필자의 열정과 노력에 감명받아 본받고 싶다는 댓글을 달고는 하는데, 영상은 필자의 일상을 극히 일부만 보여줄 뿐, 사실 필자는 24시간 열정을 불태우며 사는 사람은 아니다. 이런 말에 실망하는 독자들도 더러 있겠지만 그렇다고 거짓말을 할 수는 없지 않나. 필자도 의무감에 마지못해서 하는 일이 태반이고 열정이 식어 포기해버리는 일도 종종 있는 평범한 사람이다.

후회 없이 전력을 다해 공부하는 모습, 진지하게 오늘의 즐거움을 포기하고 미래를 위해 준비하는 모습은 분명 멋진 모습이다. 그러나 우리네 인생이 영화 속 주인공의 러브 스토리와는 사뭇 차이가 있듯이 이상과 현실을 냉철히 구분해서 생각할 줄 알아야 한다. 말했지만 오랫동안 사력을 다해 공부하는 건 정말 힘든 일이다. 그냥 마음만 고쳐먹는다고 될 법한 일이 아니다. 아무리 위인전을 읽고 동기부여 영상을 보더라도 시간이 지나면 다시 원래대로 돌아오기 마련이다. 그것이 참다운 나 자신의 모습에 가깝기 때문이다.

이런 보통의 사람들보다 열심히 사는 것이 습관이 된 사람들은 열심히 사는 것이 의지의 차이라고 생각해 의지의 중요성에 대해 설파하고는 한다. 마냥 틀린 말은 아니다. 그렇다면 어제까지 방황했던 내가 복식호흡으로 단전에 기합 한 방 넣고 의지를 다지면 내일부터 새사람이 될까? 공부에 대한 강한 의지를 갖는 것은 로봇이 갑자기 변신하는 것처럼 간단한 일도, 그렇게 전격적으로 이루어지는 일도 아니다.

당신은 전력을 다해 공부하고 있는가? 이 질문에 자신 있게 그렇다고 답변할 사람은 많지 않을 것이다. 그렇다고 여기에서 열정을 불태워 공부하는 삶, 부지런한 삶, 진취적으로 미래를 바라보는 삶이야말로 인간의 참된 모습이며 자고로 인간이면 그렇게 살아야 의미가 있다고 말하고 싶은 것은 아니다. 필자는 그런 교조적인 논리를 좋아하지 않는다. 서면 앉고 싶고, 앉으면 눕고 싶고, 누우면 자고 싶은 것이 사람 마음이다. 우리가 본능적으로 추구하는 가장 자연스러운 모습은 어떠한 일이든 하기가 귀찮고 그저 빈둥대며 먹고 자고 싶은, 안락함에 취한 상태일 것이다. 그러니 전력을 다해 공부하지 않는다고 해서 당신이 어딘가 잘못된 것은 아니다. 오히려 그게 당연한 일이다.

그렇지만 우리가 본능적으로 추구하는 이런 모습이 우리에게 항상 행복과 만족을 가져다주는 것은 아니다. 인류의 기원으로부터 내려온 유전자에 각인된 안락함을 추구하고 이를 동경하는 일이 우리의 본능을 자극하더라도, 이는 과거에 살아남아 나에게 유전자를 물려준 조상들이 그저 안락함을 추구하는 동물이었다는 사실만을 증명할 뿐이다. 이것이 오늘 내가 공부해야 할지 말아야 할지에 대한 지침을 제공해주지는 못하는 것이다. 어쨌든 이러한 까닭에 항상 대충대충 하며 쉬고 싶은 본능과 공부해야 한다는 당위 사이에서 우리는 갈등한다. 인류 수백만 년 역사 중에서 책을 좀 덜 보거나 공부를 좀 덜 했다고 해서 시집·장가도 못 가고 자손을 번성시키는 데에 지장을 받은 때가 해봐야 얼마나 되었겠는가?

유구한 역사를 거쳐 발전한 자연의 선택 과정이 변해 공부라는 이상한 것이 어느새 인간 생존 방식 중 하나로 자리를 꿰차게 되었다. 족보 없이 등장한 공부 따위는 외면해버리고 싶은 본능과 이 순간 잡생각을 떨치고 한 글자라도 더 익혀야 할 것 같은 의무감은 각기 다른 행동 양식을 가리키고 있다. 이 장에서 이야기할 위기주도학습은 쉽게 말해 평균에 해당하는 사람이라면 느낄 수밖에 없는 이런 본능을 철저히 현생의 목적 달성을 위해 찍어 누르고 다스리기 위한 기술적인 장치이자 구조적 개선의 방법이다.

앞에서 이야기하길, 공부하는 데 충분한 시간과 열정을 투입하는 근본적 개선이 무엇보다 중요하다고 했다. 하지만 시간과 열정을 다해 무언가를 열심히 한다는 것은 매우 부자연스럽고 힘든 일이다. 물론 공부도 마찬가지이고 말이다.

사자는 토끼를 사냥할 때 전력을 다하지만, 낮잠을 자러 그늘을 찾을 때는 전력으로 질주하지 않는다. 사냥은 생존과 직결된 문제이지만, 낮잠은 상대적으로 그렇지 않기 때문이다. 따라서 공부를 열심히 하려면 사자가 토끼를 잡는 일에 비견할 만한 이유가 있어야 한다. 그것마저 없다면 아무리 공부의 방해 요소를 구조적으로 제거하고 공부 방법을 바꾼다 한들 크게 달라지는 것이 없거나 원래 상태로 돌아갈 확률이 높다. 또 절대적인 시간을 확보하지 않고 인지적인 자원을 충분히 투입하지 못하고서 다른 공부법을 고민하는 것 역시 의미 없는 일이다.

그렇다면 평균에 해당하는 사람들에게 가장 중요한 건 결국

'어떻게 공부를 포기하지 않고 많이 할 것인가'이다. 이런 질문은 끝도 없이 순환되는 동어반복의 늪을 만들어낸다. 포기하지 않고 많이 하려면 의욕을 가지고 열심히 해야 하는데, 애초에 의욕도 없고 열심히 하기도 싫은데 그럼 많이 하는 것은 불가능한 일인가? 대체 어떻게 많이 할 수 있을까?

사실 이 질문에 대해 뾰족한 답을 찾기는 정말 어렵다. 이 문제를 해결하기 위한 학습의 동기부여는 학습 방법론의 단골 주제이면서도 풀리지 않는 미스터리와 같다. 세상에는 다양한 종류의 사람이 있는데, 그중에는 가만히 내버려 두어도 똥 마려운 강아지라도 되는 듯 안절부절못하며 항상 부지런히 무언가를 해야만 한다는 강박에 젖어 사는 사람이 있다. 반면에 이렇게 타고났다가도 살면서 성격이 변하는 사람도 있고, 아예 죽을 때까지 한량처럼 느긋한 성향을 버리지 못하는 사람도 있다. 이런 다양한 사람들이 동기부여를 할 만한, 단일한 방법론이 무엇이 있을까를 지금도 많은 사람이 고민하지만, 딱히 뾰족한 답을 찾은 이는 없어 보인다.

끊임없는 동기의 원천으로 한 번쯤 들어봤을 법한 클리셰는 '당신이 진짜로 원하는 것을 찾으세요'라는 것인데 이 또한 공허속 외침이라는 것임을 많은 사람이 공감할 것이다.

일단 필자부터가 내가 진짜로 원하는 게 무엇인지 잘 모르겠다. 주변에서는 필자를 강단 있는 불도저처럼 무슨 일이든지 저돌적으로 해치우는 사람이라고 입을 모아 말한다. 하지만 필자는 과거에 내가 진짜로 원하는 게 뭐였고 지금은 무엇이고 앞으로 무엇을 원하게 될지 잘 모르겠다. 그저 지금 알 수 있는 건 내가 진짜로 원하는 게 시시각각 바뀔 거 같다는 정도이지, 그것이 무엇인지에 대해서는 뚜렷하게 정리된 바가 없다.

유튜브 라이브를 통해 구독자들과 소통해보면 필자와 비슷한 사람들이 정말 많다는 것을 피부로 느낄 수 있다. 구독자들은 복수 합격한 대학 중 어디에 갈지, 앞으로 무슨 시험을 공부할지, 재수를 할지 말지, 저녁은 무엇을 먹을지 온갖 것들을 다 묻는다. 그중 단골 질문은 '자기가 진짜 좋아하는 일을 하라고 하는데 자기가 좋아하는 게 뭔지 모르거나 없으면 어떻게 하느냐'는 것이었다. 그때마다 필자는 좋아하는 건 죽을 때까지 계속 찾는 수밖에 없다고, 나도 잘 모른다고 하나 마나 한 대답을 할 수밖에 없었다.

이렇게 흔들리는 갈대 같은 마음으로 사는 사람들이 대부분일 텐데, 그중 불변의 꿈을 안고 모든 것을 바쳐 공부하는 사람이 세상에 얼마나 될까? 요즘 하도 인생의 갈피를 못 잡겠다는 사람들이 많다 보니 진로 교육의 중요성이 부각되고, 어렸을 때부터 네가 좋아하는 것을 찾으라는 강박 속에 성장하는 이들도 많은 것 같다. 필자가 중학교 때 학교에 진로 상담실이라는 것이 처음으로 생겼으니, 아마 지금은 공교육 현장에서 더욱 강도 높게 진로에 대해 고민하고 답을 찾을 것을 부추길 것이다. 어떻게든 진로를 뽑아내야 하는 강박적인 진로 브레인스토밍 과정에서 운이 좋다면 길든 짧든 한동안은 '진로뽕'에 취해 의지를 불태우겠지만 이는 보통 진로·진학 과정의 시행착오와 겹쳐 이내 사그라들고 만다.

돌고 돌아 여러 가지를 이야기했지만, 결론을 이야기하자면 자라나는 꿈나무들에게 큰 꿈과 포부를 심어주고 의지와 의욕을 계속해서 불태우게끔 하겠다는 교육 현장의 원대한 꿈과는 달리, 평범한 이들이 겪는 꿈에 대한 좌절과 의욕의 감소는 물이 높은 곳에서 낮은 곳으로 흐르듯 자연스러운 일이라는 것이다. 그렇다면 주기적으로 사그라드는 의욕을 어떻게 다시 불태울 수 있을까.

1시간 공부하고 100시간 공부한 효과를 보고 싶다. 이런 거 저먹고 싶은 마음은 우리 본능이다. 하지만 막상 거저먹으려면 생각처럼 안 된다. 절대적인 시간을 투자하지 않고서 만족할 만한 결과를 얻을 수 없기 때문이다. 결국 무언가를 더 잘하고 싶다면 더 많이 해야 한다. 숙명적으로 그래야만 하는 순간이 반드시 온다.

코너에 몰리면
빡세게 하게 되어 있다

필자는 구조적 개선안을 통해 지금껏 비교적 매사에 긴장감을 유지한 채로 높은 효율을 추구하며 사는 편이다. 번거로운 일은 가급적 하지 않으려 하고, 어떤 일이든지 경제적인 방법을 찾아 동시에 처리하려고 한다. 꼭 해야 하는 일은 반드시 하지 않으면 안 되는 상황을 만들어서 하거나, 반대로 피해야 하는 일들은 처음부터 일어나지 않도록 미리 제어할 수 있는 장치를 만드는 등 구조적으로 바람직한 방향을 유도하려 노력해왔다.

그러나 이런 와중에도 최대치의 의지와 에너지를 투입해 무언가를 해내야 하는 경우가 종종 있었다. 주로 업무를 할 때 그랬지만, 사회생활을 하기 전에도 그런 방식으로 학습에 임했던 기억이 있다. 그 강렬했던 몇몇 순간을 이야기해보고자 한다.

수능 준비 대신 증권투자상담사 자격증 따기

태어나서 처음으로 사력을 다해 공부했던 경험은 고등학교 2학년 때였다. 하라는 교과 공부는 안 하고 증권 분야 자격증을 벼락치기로 취득하겠다고 3주 동안 증권투자상담사 자격증을 공부했던 때였다. 증권투자상담사는 사실 2015년에 폐지된 자격증이다. 폐지 이후 증권투자권유대행인 시험이나 자문인력 시험으로 대체되었는데, 폐지 전 이 자격증 시험이 존재했을 때만 해도 경제 분석, 증권시장, 영업 실무, 각종 증권 관련 규정 등의 내용을 암기해야 했다. 필자가 시험을 준비하던 2008년에만 해도 상업계열 특성화고에서나 응시했지, 인문계열에서 이 시험을 준비하는 것은 매우 드문 일이었다. 어쨌거나 필자는 당시 한국증권업협회에서 주관하는 증권경시대회를 준비할 겸, 대학교 수시 모집에 유리한 포트폴리오도 만들 겸 누가 시키지도 않았는데 혼자서 인터넷 강의를 들으며 이 자격증을 공부했다.

증권투자상담사와 같은 기초 실무 자격증 시험은 대부분 암기 공부 중심이다. 실무에서 사용하는 세세한 규정들을 암기하는 것인데, 그 양이 많아서 지금 돌이켜보면 이 시험을 준비한 게 다소 어처구니없는 일이었다. 금융 관련 자격증 시험 중에서 가장 쉬운 편이지만 당시 기준으로 비전공자는 넉넉잡아 3개월 정도를, 전공자나 그보다 적은 기간 투자하여 공부하는 이들은 통상 1~2개월 정도를 준비해서 봤다.

고등학생이 다른 기초 과목도 아니고 증권 분야를 공부한다는 게 입시 공부에 방해가 될 뿐만 아니라 휘발성이 높은 실무 분야 암기 학습의 특성상 딱히 도움이 될 만한 일도 아니었다. 당시 증권 분석 과목에서 주가 차트에 대한 엘리엇 파동이론(Elliott wave principle)이나 사케다 5법 같은 기술적인 분석 방법을 암기하기도 했는데, 사실상 그런 걸 공부했던 적이 있다는 것만 기억나고 세부 내용은 하나도 기억나지 않으니 헛공부했던 셈이다.

지금이야 관련 분야 일을 하다 보니 금융 관련 자격증 시험 내용을 보면 무엇을 보더라도 익숙한 내용이 많다. 그러나 증권투자상담사가 아무리 기초 금융 관련 자격증이라고 해도 당시 고등학교 2학년생이 공부하기에는 새롭고 낯선 내용이 정말 많았다. 그렇다고 대입에 직접적인 영향을 주는 학교 시험을 포기할 수도 없었다. 수능이 1년 정도 남은 시점이었기 때문에 이 자격증을 준비한다고 다른 것들을 미룰 수가 없었던 터였다. 그래서 막상 시험을 접수하고 나서 교재를 살펴보며 이걸 대체 어떻게 해야 하나 고민했었던 기억이 난다.

당시 시험 일자는 2008년 11월 9일이었는데, 고등학교 2학년 2학기 중간고사와 기말고사 사이에 시험을 치러야 했다. 필자에게 주어진 수험 기간은 3주였고, 3주 동안 약 1,000장에 달하는 증권 분야의 수험서를 꾸역꾸역 암기해야만 했다. 하지만 그 3주도 학교 수업과 방과 후 수업을 마치고 나서 저녁을 먹고 자율학습 시간에나 자격증 공부를 할 수 있었다. 그래서 하루에 가용할 수 있는 시간이 많지 않았다. 거기다가 학교에서 내주는 잡다한 과제들까지 해야 했으니 도저히 합격 여부를 장담할 수 없는 빡빡한 일정이었다. 특히 금융 실무 분야 자격증 시험을 태어나 처음 준비하는 것이라 얼마나 공부해야 하는지 더더욱 감을 잡기가 어려웠다.

이러한 시간 압박에 더해 심리적으로 필자를 압박했던 요소가 또 있었다. 바로 주변의 시선이었다. 야간자율학습 시간에 다른 친구들이 교과목 문제집을 풀 동안 혼자서 증권투자상담사 자격증 공부를 했으니, 친구들 눈에는 내가 굉장히 눈에 띄었을 것이다. 당시 가까운 친구들 대부분이 나에게 대체 뭘 공부하는 것이냐고 물어볼 정도였다. 남들은 수학 문제를 풀고 있는데 혼자서 난생처음 보는 교재를 쌓아놓고 얼굴도 처음 보는 강사의 인터넷 강의를 매일같이 듣고 있었으니 외고 동급생들이 보기에 내가 아주 희한해 보였을 것이다.

시험 준비를 시작한 지 며칠 되지 않아 심경이 복잡해졌다. 공부하다 보니 이건 고등학생이 굳이 공부할 건 아닌 것 같다는 생각이 들어서다. 생활기록부 장래 희망을 적는 칸에 법조인과 금융 전문가를 번갈아가며 써넣기는 했지만, 증권투자상담사를 따는 것은 공부하면 할수록 나의 구체적 장래 희망과는 어떤 연관성도 없어 보였다. 내가 실제 전문가로서 실무를 다룰 때면 이미 형체를 알아보기 힘들 정도로 거듭해서 바뀌어 있을 것이 뻔한 금융투자 관련 규정과 개정역사를 암기하는 것이 과연 도움이 될까 싶었던 것이다. 하지만 그와 동시에 아예 쓸모없는 내용은 또 아니니 자격증을 따 두면 대학교 수시 모집에 뭐라도 도움이 되지 않을까 싶은 생각도 들었다. 딱히 실무 자격증을 취득해야 할 이유가 있었던 것도, 그에 대한 열망이 있었던 것도 아니었지만, 당시 가장 큰 바람은 대학을 잘 가고 싶었던 것이었으니 일단 한 것이었다. 무엇보다 이미 시작은 했고 시간도 많이 투자한 상태라 그만두자니 아까웠다. 그러다 보니 설명할 수 없는 복잡한 생각이 머릿속에 가득해진 것이다.

그런 가운데 상업계열 고등학교에서도 드물게 준비하는 자격증을 혼자서 따겠다고 동네방네 티를 냈으니, 어느 순간 주변에서 보내는 관심이 부담스러워지기 시작했다. 결국, 포기하고 싶은데 소문이 다 났으니 왠지 며칠만 하고 그만두면 멍청이처럼 보일까 봐 자의로 포기하지도 못하는 상황에 이르렀다. 성인이 되고서는 고등학생 때보다 남들의 시선에서 자유로워졌지만, 여전히 사회에서 부정적인 이미지로 낙인찍히는 것은 부담스럽고 두려운 일이다. 하물며 내세울 것 없는 학생 때는 어땠겠나. 그나마 우등생이라는 사실이 조금이나마 위안이 되었는데, 감수성까지 예민한 시기에 동급생들이 다 보는 앞에서 바보짓을 했다고 공개적으로 낙인찍히는 건 두려운 일이었다. 거기다가 학교 분위기도 다소 폐쇄적이고 서로에 대해 관심이 많은 분위기였으므로, 이 시험에서 떨어지면 시간 낭비, 돈 낭비, 기회 낭비는 물론 모두의 앞에서 바보가 되는 것을 감수해야 한다는 생각에 상당한 위기의식을 느꼈다.

이러한 위기의식은 필자가 난생처음 겪어보는 것이었다. 그래서 태어나 가장 열심히 증권투자상담사 자격증 공부를 했다. 그 이유는 오로지 위기 상황이 가져다준 공포감 때문이었다. 부정적 상황에 처했다는 위기감은 그 상황에서 벗어나고자 하는 의지를 불러일으켜 그 어느 때보다도 강력한 학습 추진력을 발휘하게 했다. 증권투자상담사 시험을 준비하는 여건도 녹록지 않았지만, 떨어졌을 때 맞이하게 될 미래의 모습은 명확했다.

3주라는 수험 기간 동안 빠르게 줄어드는 시간과 휘발성 강하면서 정작 대학교 입시에는 별로 도움이 되지 않는 수험 내용, 떨어지면 바로 고3 수험생이 되므로 적어도 고등학교 졸업 전까지는 재응시 기회가 없다는 제약, 마지막으로 동네방네 소문이 다 나서 떨어지면 몹시 창피하다는 현실 등, 말 그대로 그 타이밍에 절대 떨어져서는 안 됐고, 떨어지면 타격 또한 만만찮았다. 수능, 각종 고시, 전문직 시험처럼 인생에 지대한 영향을 끼치는 시험도 아닌데 그때는 왜 그리 큰 위기의식을 느꼈는지 아직도 이해할 수 없을 때가 있다. 그렇지만 확실한 건 그 기간만큼은 다른 것에 한눈팔지 않으며 정말 고도의 집중력을 발휘해 공부했다는 점이다. 실패하면 잃을 게 많다는 걸 스스로 인지한 와중에 제약조건도 워낙 뚜렷하다 보니 나 자신을 몰아세우지 않으면 안 된다는 확신이 필자를 움직였다. 이것이 다른 생각은 모두 잊고 시험에만 집중할 수 있었던 이유다.

이런 강력한 위기의식 속에서 열심히 공부했고 시험 당일 시험장으로 이동하면서도 치열하게 공부한 결과, 생각보다 넉넉한 점수로 합격할 수 있었다. 말했다시피 공부한 내용은 지금 기억도 나지 않지만, 필자는 이 시험을 준비하면서 공부한 내용보다 훨씬 더 중요한 걸 배웠다. 그것은 바로 강력한 위기의식을 느낄수록 자연스럽게 스스로 최선을 다한다는 점이다.

군대 선임 관등 성명 암기는 학습 효율성 100배

누군가 내게 살면서 가장 필사적으로 공부한 것이 무엇이냐고 물으면, 단연코 군 자대 배치 직후 20여 명이 넘는 선임들의 관등 성명을 외운 것이라고 말하겠다. 많은 청년에게 군대는 생애 처음 느껴보는 강박과 억압 그리고 조금이라도 잘못하면 인생이 끝나버릴 것만 같은 절망감을 안겨준다. 2012년 1월 자대 배치 첫날, 필자도 이유 없는 구박을 당하고 나서 그러한 절망감을 느꼈다.

당시 필자가 배치받았던 부대는 문제가 많은 부대였다. 필자는 카투사 출신으로 미군에 배속되어 2인 1실 막사, 미군이 제공하는 양질의 식사, 미군 부대의 현대화된 시설, 잦은 외박 기회 등 다른 육군 부대에서 고생한 장병들보다 훨씬 더 나은 여건에서 생활하는 혜택을 보았다. 운 좋게 이런 좋은 여건에서 군 생활을 할 수 있었던 것은 지금도 감사하게 생각한다. 그러나 이런 장점에도 불구하고 배치된 자대는 도무지 이해할 수 없을 정도로 이상한 분위기가 흐르는 곳이었다.

그중에서도 도무지 이해할 수 없는 것은 바로 이런 부조리함이었다. 예컨대 신병들이 집합 40분 전부터 막사 내 선임들의 방을 모두 돌며 모닝콜을 해야 한다거나, 체력을 단련시킨다는 목적으로 이등병들을 모아 윗몸일으키기 시합을 시킨다거나, 후임들 달리기 연습을 시킨다고 선임은 자전거를 타고 후임은 영내를 뛰게 해 결국 후임이 구토를 하게끔 한다거나, 신병 교육이라는 목적 아래 매일 계급별로 훈계를 해(일명 내리 갈굼) 새벽 서너 시가 되어야 잠잘 수 있게 해주는 등 일반 상식으로는 이해할 수 없는 일들이 벌어졌다. 거기다가 선임병의 욕설은 물론 노골적인 성희롱과 추행이 일상이었고, 미군 부대에 배속되었음에도 새로 전입된 신병들은 미군들과 대화 자체를 하지 못하는 등 상상하지도 못할 일들이 계속되었다. 이런 일이 얼마나 괴로웠으면 십자인대를 끊으려고 오금에 음료수병을 끼고 침대에서 무릎으로 뛰어내려도 봤다는 선임의 이야기를 듣기까지 했다.

다른 야전부대와 비교했을 때 훨씬 안락한 여건에서 생활할 수 있었고, 기껏해야 대부분 20대 초반 정도의 대학생들이 모여 있었는데 이런 이유로 부대 분위기는 말이 아니었다. 부대는 고참 몇을 제외하고는 한 치의 유머와 여유가 허용되지 않는 절망적이고 암울한 분위기에 휩싸여 있었다.

이런 말도 안 되는 부조리를 딱 열흘 경험하고서 나는 내무 부조리를 직접 고발했다. 당연히 부대는 발칵 뒤집어졌고, 우여곡절을 겪어야 했지만, 다행히도 악습은 점점 사라지고 경직된 내무반 분위기도 점점 나아졌다. 전입하고 나서 첫 열흘 동안은 그야말로 극한의 압박감 속에서 부대 내 분위기를 살펴야 했지만 말이다.

아이러니하게도 필자가 살아오면서 가장 필사적으로 공부한 기간도 바로 이 기간이었다. 첫날 맞선임들이 필자에게 A4용지 약 10쪽으로 구성된 '매뉴얼'을 주며 최대한 빨리 숙지하기를 권유(를 빙자한 강요)했는데, 그 내용이라는 것이 복무규정과는 무관한, 부대 내 카투사들 사이에서 지켜야 하는 멋대로 만든 규칙과 생활 수칙, 온갖 부조리를 규격화해 신병들에게 수행하도록 지시하는 업무 지시서와 같았다.

거기에는 아침 일찍 선임들을 바쁘게 깨우러 다녀야 하는 업무 지침, 선임들의 관등 성명과 근무처 등 다양한 정보가 적혀 있었다. 또 말 한마디를 하더라도 무조건 본인의 관등 성명을 앞에 붙여야 한다는 희한한 규칙이 있었는데, 하루에 통상 100문장 이상은 말하니 이 시기에만 관등 성명을 하루에 100번 이상 말한 셈이다. 그뿐만 아니라 매뉴얼에는 없었지만, 첫 외박을 나가면 선임 병장의 선물을 사 와야 한다거나 미군 식사 시설 내 구비된 다양한 음료 중 물과 흰 우유 빼고는 마시면 안 되고 샐러드바도 이용할 수 없다거나 휴게실이나 식당 안에 있는 텔레비전은 쳐다보면 안 된다는 황당한 지침까지 적혀 있었다.

그 매뉴얼에 담긴 정보 중에서도 가장 필사적으로 외우고 빠르게 익혔던 것은 선임들의 관등 성명이었다. 선임들의 관등 성명을 외우는 것은 단순히 그들의 계급, 호봉과 이름만 외우는 게 아니었다. 계급을 외운다는 건 곧 그들 사이의 상하 관계를 외우는 것이었다. 그리고 여기에서도 특히 강조되어 있던 부분은 바로 '압존법'이었다. 나에게 똑같은 고참이더라도 최고참인 선임병 앞에서 그보다 계급이 낮은 선임병 이야기를 하며 존칭을 쓰면 매우 크게 질책을 받으니 주의해야 했다. 예컨대 말년 병장인 김 병장이 자신의 후임인 최 상병은 어디 있냐고 이등병에게 물었다고 하자. 이때 이등병이 "최 상병님 화장실 가셨습니다."라고 말하면 신병 교육이 제대로 되지 않았다고 판단해 신병 본인은 물론 신병의 선임들이 전부 내리 갈굼을 당해 엄청난 고통을 받았다.

그때 당시 부대 안에는 20명이 넘는 선임들이 있었는데, 다들 처음 보는 사람들인 데다가 맞선임들이 준 매뉴얼에는 그들의 사진이 있었던 것도 아니었다. 맞선임들에게 물어봐도 인상착의를 구두로만 설명해줘서 단시간에 누가 누군지 알아보는 게 힘들 뿐만 아니라, 누가 누구보다 더 고참인지 상하 관계까지 외우는 것은 정말 죽을 맛이었다. 게다가 첫날부터 저녁 점호가 끝난 후 상병부터 이등병 맞선임까지 호봉 순서로 내려가며 고참 한 명 한 명의 일일 지시 사항을 듣는 의미 없는 시간을 보내고 나니 새벽 세 시가 넘어서 잠자리에 들 수 있었다. 그리고 이런 일은 매일 반복됐다.

　이렇게 정신없는 와중에 말도 안 되는 구두 지시까지 다 이행해야 하다 보니 심리적 압박은 크고 머리가 터질 지경이었다. 무엇보다 고참의 횡포에 벌벌 떠는 이등병 선임들의 모습과 사소한 실수에도 신경질을 내는 고참들의 우악스러움을 보고 압존법을 틀린다면 엄청난 불상사가 일어날 것 같다는 위기의식을 느꼈다. 그리고 이 위기의식은 초인적인 학습 열의의 원동력이 됐다. 덕분에 높은 의욕과 고도의 집중 상태로 고참의 관등 성명을 익혔고, 선임들의 관등 성명과 상하 관계는 이틀이 지나지 않아 거의 머릿속에 들어오게 됐다.

　웃기고도 슬픈 이야기지만 그래서 필자의 인생에서 가장 열심히 공부했던 소재가 선임들의 관등 성명이 된 것이다. 비록 짧은 기간이었지만 군대에서 자대 배치를 받고 나서 선임들의 관등 성명을 외웠던 강렬한 기억은 지금까지도 잊지 못한다. 선임들의 관등 성명뿐만 아니라 온갖 부조리가 담겨 있는 매뉴얼과 말도 안 되는 사병들 사이의 규칙도 어떻게 보면 의욕적으로 배우고자 하는 대상이 되었다.

　너무나 당연하게도 당시에 이것들을 공부하며 외우는 그 자체가 힘들다거나 지루하다는 생각을 한 적은 단 한 순간도 없었다. 생존을 위한 공부에 가까웠기 때문이다. 이걸 익히지 못한다면 매우 큰 불이익이 생길 것이라는 확신이 서니 그간 느껴보지 못한 커다란 위기감과 공포감이 학습의 원동력이 되었다. 그리고 이런 절박함은 필자의 다른 욕망을 모두 잠재우고 오로지 눈앞의 내용에 최대한 집중하고 공부할 수 있도록 해주었다.

물론 앞서 말한 것처럼 딱 열흘 동안 열심히 공부하고 나서 이런 말도 안 되는 규칙을 지키느니 차라리 영원히 부대 내에서 따돌림을 당하거나 영창을 가는 것이 낫겠다는 결론을 얻었고, 이를 고발하여 공부했던 내용이 결국에는 쓸모없게 되어 버렸다. 그러나 군대 선임들의 관등 성명을 익힐 때 학습 의욕이 최고조가 되었다는 이 강렬한 체험은 위기 상황에서 학습 의욕이 어떻게 발현하는지를 다시 한번 제대로 마음속에 새기는 계기가 되었다.

공인중개사 열흘 벼락치기

유튜브에 접속하여 '공인중개사 열흘 벼락치기'를 검색하면 지금도 필자가 찍은 영상 3편이 나온다. 요약하면 열흘 동안 벼락치기 해서 공인중개사 자격을 취득하는 과정을 찍은 것인데,

창업한 회사를 운영하는 와중에 제한된 시간 안에 번갯불에 콩 볶아 먹듯 부리나케 공부해서 합격하고자 애쓴 도전기를 담은 영상이다. 특히 시험 전날 밤새며 6시간 동안 쉬지 않고 공부한 다거나, 시험장에 입장하기 전까지 공부하는 모습 등이 담겨 있어서 필자가 근래 들어 가장 열정을 불태워 공부한 순간이기도 했다.

비록 많은 현역 공인중개사나 공인중개사 수험생들의 마음을 아프게 한 영상이기도 했지만, 이 영상은 시험에 가까워질수록 높아지는 긴장감과 공부의 강도를 잘 드러내고 있어 필자에게는 매우 뜻깊은 영상이다. 특히 이 영상에는 필자가 지금껏 강조한 위기주도학습이 발휘하는 추진력, 즉 위기 상황이 만들어내는 고도의 집중 상태가 잘 드러난다.

당시 필자에게는 공인중개사 자격증을 반드시 그해에 취득해야 하는 사정이 있었다. 영상을 찍을 때만 해도 필자는 운영 중인 회사의 투자 유치를 위해 정신없이 바쁜 상황이었다. 필자가 운영하는 회사에 투자를 유치하려는 목적은 부동산 중개사업을 시작하기 위함이었고, 투자자들에게 제안하는 내용에는 당연히 필자가 공인중개사 자격을 취득하여 자회사 중개법인의 대표가 된다는 게 전제되어 있었다.

만일 최악의 경우 시험에서 떨어진다면 투자사들의 투자 결정에 부정적인 영향을 끼칠 수도 있었다. 그러면 운영 중인 회사 내부 구성원과 외부 투자자들에게 자신만만하게 소개한 신사업 추진에 차질이 생길 것이 뻔하였다. 그야말로 회사 운영에 큰 악재였다.

거기다가 공인중개사 시험이 10월 31일이었는데, 시험을 치더라도 결과 발표는 12월이었다. 투자 결정이 나더라도 계약서를 기안하고 투자사들의 필요 절차를 밟다 보면 자연히 12월깨나 투자가 집행될 터였는데 그때까지는 공인중개사 자격을 취득해야 했다. 그래서 그해 공인중개사 시험은 절대로 떨어져서는 안 되는, 반드시 붙어야만 하는 아주 중요한 시험이었다.

하지만 위기 상황은 여기에서 그치지 않았다. 공인중개사 시험이 10월 31일인데, 이때 하필이면 미루고 미뤄왔던 대학원 졸업시험을 봐야만 했다. 졸업시험은 10월 20일이었고, 시험의 경우 주말을 끼고 변호사 시험과 동일한 강도로 봐야 했기 때문에 마냥 공인중개사 시험에만 몰입할 수도 없는 상황이었다. 따라서 공인중개사 시험을 미리 준비할 여건이 되지 못해 자연스럽게 열흘 동안 벼락치기를 하는 다소 무모한 계획을 감행할 수밖에 없었다.

엎친 데 덮친 격으로 공인중개사 시험 전날은 주요 투자자와 투자 여부를 최종적으로 결정짓는 날이었다. 사업계획을 다시 정리해 전달해야만 했고 시험 전날 오전 10시에 미팅을 하려면 시험 전전날 밤새도록 자료를 준비해야 했다. 그야말로 시험 직전까지 긴박한 업무 처리의 연속이었다.

물론 애초에 이런 중요한 시험을 급히 준비해서 보는 것 자체가 어찌 보면 적절치 않았다. 그렇지만 내심 위기가 주는 힘을 믿고 도전한 측면도 있었다. 극한의 위기 상황에 몰렸을 때 필자가 어떠한 잠재력과 집중력을 발휘했는지 그동안의 경험으로 알 수 있었기 때문이다. 그래서 이러한 위기주도학습의 힘을 믿고 도전한 것도 있었다. 물론 예상한 대로 막판에 군더더기 없이 높은 의욕과 집중력으로 공부를 해나기도 했고 말이다.

만성 수면 부족에 시달리면서도 시험 전날 6시간 동안 밤새며 꼼짝 않고 공인중개사 수험서를 들여다본다거나 시험장에 들어가기 전까지 지하철과 택시에서도 다른 생각은 전혀 하지 않고 오로지 공부에만 집중하는 필자의 모습을 보고 많은 분이 어떻게 하면 저런 집중력을 유지할 수 있는지 궁금하다는 질문을 던지고는 했다.

사실 흔들리지 않고 군더더기 없는 공부를 지속할 수 있었던 비결은 뭐니 뭐니 해도 이미 조성된 위기 상황과 학습에 대한 강한 압박이었다. 필자가 당시 처한 상황을 고려했을 때 시험을 앞두고 한 글자라도 더 보지 않으면 그 시험에서 탈락할 확률이 높았다. 또한 탈락했을 때 따라올 온갖 경제적 피해, 시간적 낭비를 감내해야 하는 것은 물론, 영상까지 찍어서 광고했으니 떨어지면 창피함과 수치스러움까지 감수해야 했다. 그 상황에서 자포자기한 것이 아니라면 어떻게 공부 외에 다른 생각을 할 수 있겠는가? 필자는 그것이 필자의 의지적 노력이라기보다는 본능에 가까운 위기 대응 능력이자 위험 회피에 가깝다고 생각한다.

평균에 해당하는 사람이라면 현상 유지를 하고 싶어 한다. 또 안락함을 즐기며 나태해지고 싶지, 공부하는 데 의지적 노력을 기울이는 것을 꺼릴 것이다. 이것은 마치 본능에 가깝다. 하지만 그 못지않게 모든 것을 잃을 것 같은 위기 상황에서 나 자신을 구하고자 하는 마음도 강렬하다. 이런 위기를 회피하거나 극복하고자 하는 마음 역시 본능에 가깝다. 그래서 위기주도학습이란 어떻게 보면 우리 본능의 이면에서 학습에 적합한 면모를 끌어내는 것과 같다고 볼 수 있다.

흔들리지 않고 군더더기 없는 공부를 지속할 수 있었던 비결은 뭐니 뭐니 해도 이미 조성된 위기 상황과 학습에 대한 강한 압박이었다. 시험을 앞두고 한 글자라도 더 보지 않으면 그 시험에서 탈락할 확률이 높았고, 탈락했을 때 따라올 온갖 경제적 피해, 시간 낭비는 물론 떨어지면 창피함과 수치스러움까지 감수해야 했다. 그 상황에서 자포자기한 것이 아니라면 어떻게 공부 외에 다른 생각을 할 수 있겠는가?

위기는 집중력을 높이는
최고의 수단이다

    공부를 어떻게 더 효과적으로 할 수 있을지, 어떻게 하면 방해받지 않고 할 수 있을지는 앞서 여러 차례 언급한 '구조적 개선'의 방법은 물론 자신의 상황에 맞는 다양한 방법을 적용해 해결할 수 있다. 그렇다면 공부하는 데에 있어 우리가 짚어보아야 할 가장 근원적인 질문이자 출발점인 '공부에 대한 의욕과 원동력을 어떻게 얻을 것인가' 혹은 '의욕과 원동력을 어떻게 높은 수준으로 유지할 것인가'에 대한 답은 어디서 찾아야 할까? 그 해결책은 위기주도학습이 제시해줄 수 있다. 말한 것처럼 위기 상황은 공부에 대한 단일한 의지, 집중력, 긴장감을 북돋는 데에 매우 효과적인 수단이기 때문이다.

사실 '내가 가장 좋아하는 것 찾기', '내가 꼭 이루고 싶은 꿈 찾기', '공부해야 하는 원대한 포부 찾기'는 많은 고민과 노력이 필요한 일이고 나 자신에 관한 성찰과 의식적인 탐색 활동이 필요한 일이다. 그래서 이는 누구나 어려움을 겪기 마련이다. 반면 내 앞에 놓인 현안을 해결하지 않았을 때 주어지는 직접적이고도 확실한 불이익에 대한 염려는 많이 고민하지 않고도 행동하게 하는, 직관적인 동기부여가 될 수 있다.

예컨대 앞서 필자가 경험했던 선임병의 관등 성명을 외우지 않아 가해지는 폭언과 가혹 행위는 그러한 위기 상황의 시시비비를 따지는 걸 별론으로 하더라도, 일단 그 위기 상황에 빠르게 대처해야만 하는 매우 직관적이고 분명한 이유를 부여한다. 이렇듯 위기 상황에서 불이익을 피하고자 망설이지 않고 본능적으로 몸을 움직이다 보면 그 과정에서 누수되는 정신적 손실을 줄일 수 있다. 위기주도학습이란 결국 이런 현실적 제약 안에서 본능에 부합하는 효과적인 해결책을 찾고자 하는 것이다.

말했지만 무언가를 성취하는 과정은 매우 고통스럽다. 그 과정에서 끊임없이 유혹과 미혹에 맞서 싸우는 과정이 수반될 수밖에 없기 때문이다. 단적인 예로, 명문대 입시 준비 과정만 보더라도 고등학교 3년 동안 12번의 중간고사와 기말고사를 치러야 하고, 고등학교 3학년 말미에는 대학수학능력시험을 보아야 한다. 물론 이 중 수능이 가장 영향력을 크게 행사할 테지만 각각의 정기 고사 역시 중요하다. 한 번 망친다고 해서 목표한 대학 진학의 모든 가능성이 차단되는 것은 아니므로, 결국 정기 고사를 볼 때마다 수험생은 각종 유혹과 씨름할 수밖에 없다.

앞서 제시한 구조적 개선 방법을 통해 주변에 눈에 띄는 유혹의 요소를 제거하고 더 효율적인 공부 방식을 찾아내 실천하는 것도 사실은 도구적 장치에 불과하다. 학습 의욕과 의지를 지속하지 못하면 순간순간 더 재미있어 보이는 것들에 마음을 빼앗기기 쉽다. 이때 수험생을 유혹하는 것은 공부해야 할 시간에 친구들과 수다를 떠는 것이 될 수도, 만화영화를 보는 것이 될 수도, PC방에 가서 온라인 게임을 하는 것이 될 수도 있다.

유혹의 종류는 무궁무진하다. PC방에서 롤 5인팟을 돌리면 하루가 훌쩍 지나가고, 자고 일어나면 좋아하는 아이돌이 신곡을 발매해 음악 방송에 나와 칼군무를 추기도 하며, 넷플릭스에는 어찌나 재미있는 신작들이 많이 나오는지 나 빼고 온 세상 사람들이 다 챙겨보는 것만 같아 나도 보고 싶어진다. 또 학생 신분을 벗고 성인이 되면 어찌나 즐거운 술자리가 많은지 맥주 한잔할 생각에 글씨가 눈에 안 들어오기도 하고, 모든 걸 다 내려놓고 불현듯 여행을 떠나고 싶은 충동에 사로잡히기도 한다. 연인이 있다면 다 때려치우고 함께 시간을 보내고 싶기도 하고 이런 것들이 아니더라도 그냥 방구석 이불 속에 누워 아무것도 하고 싶지 않을 때도 있다.

이때 이런 유혹을 뿌리칠 가장 효과적인 억제 수단은 무엇일까? 미래를 향한 흔들림 없는 의지, 원대한 꿈을 이루기 위해서 현재의 즐거움은 포기할 수도 있다는 보상 지연 심리가 있다면 높은 성취를 기대해볼 수도 있을 것이다. 그러나 거듭 강조했듯 그것은 이미 평균에 해당하는 이들의 마음속에 떠오르는 자연스러운 발상과는 거리가 있다.

먼 미래에 내가 무엇이 될지도 잘 모르겠고, 되고 싶은 것이 있더라도 그것이 정말 될 수 있을지 정확히 모르겠고, 단지 멋있어 보여서 임시로 삼은 장래 희망 정도만 있다면, 어떤 확신이 생겨서 당장 내 눈앞의 분명한 즐거움이나 안락함의 기회와 맞바꿀 수 있을까? 안락과 편안함을 좇으며 오늘날까지 살아남은 우리 안의 유전자는 본능적으로 그 자리에 머무르려 할 것이다. 어떻게 보면 우리가 세상에 생존해 있다는 사실 자체가 이렇게 안온함을 추구하는 유전적 특질이 이어지고 있다는 사실을 방증하는 것일 수 있다.

하지만 앞서 말했듯 자신의 생존, 그에 준하는 무언가를 위협하는 상황을 회피하거나 그로부터 도망치고 싶어 하는 그 마음도 본능이다. 그러니 우리의 존재는 위기 상황을 모면하고 급박한 위기에서 탈출하는 데에 성공한 조상들이 위기에 반응하는 유전자를 세상에 남겼다는 징표 그 자체이기도 한 것이다. 이는 안온함을 즐기고 머무르길 좋아하는 인간의 속성에 배치되는 특질이 아니라 우리가 이 2가지를 모두 지니고 있다고 보는 것이 맞다.

춥고 배고플 때 따뜻하고 배불리 먹을 만한 환경을 찾아 나서는 것은 자연스러운 일이다. 한편 내게 안온한 삶의 여건이 이미 제공됐는데, 더 불편하고 도전적인 삶의 여건을 일부러 찾아 나서는 것은 절대 생존에 유리한 방법이 아니다. 수십만 년 동안 우리 인류가 안락하고 편안한 생존 방식을 자진해서 포기하는 어리석은 방향으로 진화해왔을 확률은 높지 않다. 또한, 그 가운데서도 급박한 위기 상황에 빠릿빠릿하게 대처하지 못했다면 생존에 불리했을 것이므로 자손을 남기기가 쉽지 않았을 것이다. 요컨대 인류는 수십, 수백만 년에 걸쳐 평소에는 안정된 삶과 안락한 삶의 기반을 마련해 누리려는 속성과 생존을 위협하는 긴급한 위기 상황이 닥치면 사력을 다해 탈출하려고 하는 속성을 동시에 물려받은 존재인 셈이다.

공부라는 행위는 현재 자신의 성취와 영달을 위해서 매우 효과적인 수단이긴 하지만, 인간이 생물로서 생존하는 데 꼭 필요한 수면, 섭식, 주거 등의 기본적 생활 환경이 갖추어진 여건에서는 공부 그 자체가 생존에 직접 관여하는 조건이라고 보기는 힘들다. 공부를 못하면 이 사회에서 살아남을 수 없다는 말도 사실 비유적인 표현에 불과하다. 공부 못해도 죽으라는 법은 없다. 전교 꼴찌를 하더라도 문명사회 이전 그 먼 옛날, 생존을 위해 고군분투했던 네안데르탈인보다는 훨씬 안락하고 편안한 생활 환경에서 살 수 있다.

그래서 우리는 인간의 지적 능력이 어떠한 조건에서 최대한 발현되고 이를 연마할 수 있는지 고민할 수밖에 없다. 그저 막연히 공부해야 한다는 의무감을 지닌 채로 공부하면 되는 걸까? 책의 서두에서부터 줄곧 이야기를 반복해왔다시피 누가 시키지 않아도 알아서 공부를 많이 하는 사람이 있는가 하면, 평균에 해당하는 사람들은 그렇지 못하다.

일반적으로 학업 성취도는 사회적, 제도적 환경에 큰 영향을 받는다고 알려져 있다. 단순히 생각해봐도 공교육을 제공하는 사회와 아이들을 방치하는 사회 사이에는 아이들의 학업 성취도와 지적 자원의 수준에 차이가 있지 않겠나. 이처럼 공부라는 것은 집단의 개념에서 살펴봤을 때 구조적 환경에 영향을 받을 수밖에 없으며 우리는 여기에서 자유롭지 못하다.

우리가 외국으로 이민을 가지 않는 한, 공립학교를 다니다가 등록금이 비싼 사립학교로 옮겨가지 않는 한, 무언가 획기적인 구조적 기획의 변화를 강제하지 않는 한, 현실적으로 바꾸기 어려운 구조적 요소들이 존재한다. 이러한 구조적 요소의 영향력을 방증하듯 서점을 가보면 우리 아이를 어떤 학원에 보내야 하는지, 학군의 중요성은 어떠한지, 유학을 보내는 것은 어떠한지 이야기하는 책이 상당히 많다.

반면 위기주도학습의 핵심은 이렇게 바꾸기 어려운 환경적 요소에 집착하기보다 공부하는 당사자가 느끼고 통제할 수 있는 환경 내에서 구조적 변화를 설계하고, 이를 통해 행동 방식의 구체적인 변화를 유도하라는 것이다. 이것이 그 무엇보다 가장 근원적인 해결책이 될 수 있기 때문이다. 그래서 어느 학원에 가야 하는지, 유학을 보낼지 말지, 어느 학군을 선택해야 하는지와 같은 특정 외부 요인에 주목하지 않는다. 그보다는 수험생 자신을 둘러싼 구조적 요인을 인식하고 통제할 수 있는 메타인지와 실행력을 갖추고 있느냐, 가장 근원적인 문제인 학습 동기와 의욕 면에서도 이를 구성해낼 수 있느냐에 주목한다.

학습 행위를 강제하거나, 강제하지 못하더라도 지속해서 지적인 부하를 가하여 학습 능력의 신장을 유도하려면 어떻게 해야 하는가에 대해 사실 우리는 답을 알고 있다. 좀 극단적이기는 하지만 아무리 하기 싫었던 일이라고 해도 자신의 목숨이 달린 일이라면 군말 없이 하게 될 것이다. 공부하지 않으면 목숨을 잃는다고 하는데 공부하지 않고 PC방으로 달려가 게임이나 즐길 멍청한 사람이 세상에 과연 얼마나 있을까? 물론 극단적인 예라고 표현한 것처럼 공부 그 자체가 생존의 문제가 될 수는 없겠지만, 그것을 생존의 문제와 가까워지도록 결부시키는 데에 성공하는 순간 그렇지 않았던 때보다 그 무게감은 크게 차이가 날 것이다.

그렇다면 문제는 공부와 생존의 문제를 어떻게 엮을 것인가, 바로 이것이다. 물론 이 둘을 있는 그대로 결부시키기는 불가능에 가깝다. 그렇다면 거창한 '생존'이라는 단어보다 인간이 살면서 무조건 겪기 마련인, 그렇지만 겪을 때마다 탈출하려고 발버둥 치기 마련인 위기 상황이나 위기감이라는 단어와 결부시키는 건 어떨까. 이는 불가능하지 않을 것이다.

필자는 앞서 직접 경험한 사례들을 몇 가지 예로 들어 설명했다. 대표적인 사례 몇 가지만 소개했을 뿐, 사실 위기 상황을 초래하여 군말 없이 공부에 집중했던 경험은 책에 서술한 것 외에도 훨씬 많다. 특히 공부뿐만 아니라 업무를 하다 보면 이런 위기 상황은 훨씬 더 자주 찾아온다.

때로는 업무를 할 때 이런 만성적인 위기감이 마음을 괴롭히고 삶을 불행하게 할 수도 있다는 생각을 종종 한다. 이는 위기를 받아들이는 자세와 감정적 요인과도 밀접한 관련이 있을 것이다. 그러나 결국 그것은 개인이 나름의 행복론을 가지고 좀 더 폭넓게 고민해야 할 문제이다. 위기감이 불편하고 괴로운 감정이라는 평가와 위기에서 탈출하려는 본능이 공부를 더 열심히 하게끔 유도하는 강력한 촉매제라는 사실은 별개다.

내가 가지고 있던 걸 빼앗길 수 있다는 공포감이나 내가 영위하고 있던 삶의 여건이 송두리째 무너질 수 있다는 불안감, 그리고 나의 예견된 미래가 걷잡을 수 없이 망가질 수 있다는 위기감은 평균에 해당하는 우리가 다른 잡스러운 유혹을 머릿속에서 제거하고 오로지 공부에만 매진하여 위기 상황에서 탈출해야 한다는 '눈앞의 과제'에 집중하게끔 도와준다.

눈앞의 공부, 눈앞의 시험을 해치우는 데에 이처럼 위기감이 부여하는 동기는 강력하다. 위기 상황을 인식하고 이를 타개할 방법이 공부라는 것을 인지하고 행동으로 옮기는 것은, 나 자신을 위협하는 상황에서 탈출하여 생존을 쟁취했던 인류의 진화가 남긴 본능을 드러내는 것과 같다. 그래서 이를 이용한 위기주도 학습은 자연스럽고도 강력한 학습의 도구가 될 수 있는 것이다.

내가 가지고 있던 걸 빼앗길 수 있다는 공포감이나 내가 영위
하고 있던 삶의 여건이 송두리째 무너질 수 있다는 불안감 그
리고 나의 예견된 미래가 걷잡을 수 없이 망가질 수 있다는 위
기감은, 우리가 다른 잡스러운 유혹을 머릿속에서 제거하고
오로지 공부에만 매진하여 위기 상황에서 탈출해야 한다는
'눈앞의 과제'에 집중하게끔 도와준다.

공부하지 않으면
손해 입을 상황을 만들어라

위기주도학습을 실행에 옮기고자 할 때 고려해야 할 구조적 위기 조성의 가능성과 구체적 실천 방안에 대해서는 후술할 것이다. 이와 같은 구체적 실행 계획을 논의하기에 앞서 위기주도학습법에 관해 인상적인 질문을 받은 적이 있는데, 이를 가지고 이 책에서 말하고자 하는 '위기'의 개념에 대해 풀어서 이야기해 보고자 한다.

위기주도학습법은 기본적으로 사람이 위기 상황에 빠졌을 때, 위기의식에 본능적으로 반응해 군더더기 없이 공부에 집중하고 의욕을 끌어올려 학습 성과의 기초가 되는 학습 의지를 구조적으로 증강할 수 있다는 믿음에서 출발한다. 그런데 위기 상황이 닥쳐와도 스스로 천하태평이거나, 위기인 걸 알지만 열심히 안 하게 된다는 고충을 토로하는 사람들이 있다.

사실 지금까지 이 책에서 줄곧 이야기했던 내용의 핵심은 인류 생존의 결과인 조상에게서 물려받은 위기 탈출에 대한 본능이, 평균에 해당하는 우리에게 위기 상황에 대처할 만한 강한 추진력을 부여한다는 것이었다. 하지만 이것은 어디까지나 귀납적 논증에 불과하다. 그래서 위기가 닥쳐도 아무런 위기의식을 느끼지 못하겠다는 사람에게는 무어라 할 말이 없다. 만약 위기 상황이 닥쳐도 천하태평이거나 위기인 걸 알았음에도 평소와 똑같이 행동한다면, 그 사람은 평균에서 벗어난 인간일지도 모른다. 아니면 필자의 귀납적 추론 과정에 현저한 오류가 있거나 말이다. 그도 아니라면 위기라고 표현은 하지만 진짜 위기 상황이 아닐 수도 있다. 어쨌거나 이 셋 중 하나가 원인일 것이다.

그렇다면 필자의 추론 과정에 오류가 있을 수 있다는 가정을 먼저 살펴보자. 사실 인간이 위기 상황에 반응한다는 것은 필자의 근거 없는, 막무가내 주장은 아니다. 이는 널리 알려진 행동경제학적 이론 배경만 살펴보더라도 쉽게 유추할 수 있는 내용이다.

위기의 사전적 정의를 살펴보면, '위험한 고비나 시기'라는 의미이고, 위험이란 '해로움이나 손실이 생길 우려가 있음'을 의미

한다. 따라서 나에게 '위기'가 닥쳤다고 한다면, 그것은 나에게 해로움이나 손실이 생길 우려가 있는 상태라고 정의할 수 있다. 쉽게 말해 '앞으로 무언가 잘못된다거나 내가 가진 무언가를 잃는다거나 빼앗길 염려가 있는 상태'인 것이다.

행동경제학의 개념 중에는 손실 회피 심리(loss aversion)라는 것이 있다. 이는 심리학자로서 처음으로 노벨경제학상을 받은

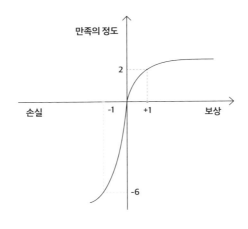

손실 회피 심리

손실 회피 심리를 그래프로 표현한 것이다. 0을 기점으로 보상(+1)과 손실(-1)을 얻는다고 했을 때, 기댓값은 같지만, 그 폭은 그래프에서 보이는 바와 같이 다르다. 보상을 얻었을 때 느끼는 만족감이 2라면, 동일한 크기의 손실을 감내해야 할 때 느끼는 고통은 -6이라는 것이다. 이를 보면 사람이란 이미 얻은 이익에 대한 기쁨보다 가진 걸 잃었을 때의 고통을 더 크게 느낀다고 볼 수 있다.

대니얼 카너먼(Daniel Kahneman)과 인지심리학자인 아모스 트 버스키(Amos Tversky)가 실험을 통해 밝혀낸 이론으로, 인간은 불확실한 이익보다 확실한 손해에 대해 훨씬 더 민감하게 반응한다는 것이다.

예컨대 어떤 이에게 10만 원을 주고 나서, 동전을 던져 앞면이 나오면 이미 준 10만 원을 도로 빼앗고 뒷면이 나오면 10만 원을 더 준다는 제안을 한다고 가정해보자. 사실 2가지 선택지에 대한 기댓값은 같다. 하지만 실제로 시험을 해보면 참가 대상자 대부분이 이미 자신이 받은 10만 원을 빼앗기지 않으려고 제안을 거절한다는 것이다. 심지어는 뒷면이 나오면 10만 원보다 더 많은 돈을 주겠다고 해도 이미 자기 손에 쥐어진 돈을 빼앗기기 싫어서 이 제안을 거절한다는 것이다.

이러한 손실 회피 심리에서 추론할 수 있는 인간의 성향은, 이미 확정된 이익이 있다면 그 크기가 줄어드는 것(손실)을 끔찍하게 싫어한다는 것이다. 간단히 이야기하면 우리가 100만 원짜리 선물을 받았을 때 느끼는 기쁨보다 100만 원짜리 물건을 빼앗겼을 때 느끼는 슬픔이 더 크다는 것이다. 이는 비슷한 취지의 실험을 통해서 거듭 입증된 바 있다.

인간의 심리에 대한 이러한 학술적 연구는 학습에 관해서도 중요한 시사점을 제공한다. 공부를 열심히 해서 얻는 성취감이

나 기쁨보다 공부하지 않았을 때 박탈되는 이익, 즉 이 책에서 지금까지 강조한 '위기'를 더 크게 느끼는 것이, 인간의 심리학적 측면에서 당연할 수 있다는 것이다. 게다가 공부할 때에는 '대체 왜 공부해야 하는가'에 대하여 뾰족한 답을 구하지 못하거나 막연한 목표 의식만 가지고 하는 경우가 상당히 많다. 그래서 더욱이 막연한 성취나 기쁨보다는 바로 눈앞에 놓인 구체적인 위기, 그러니까 부모님과 학교의 성적 압박, 자신이 속한 경쟁 집단 안에서 공부를 잘하지 못했을 때 느껴야 할 부끄러움, 시간과 경제적 측면에서의 가시적인 손해 등이 더 분명하고 크게 느껴질 수 있다. 위기주도학습은 이러한 손실 상황의 심리적 효과가 극대화되는 지점에 주목한다.

손실 회피 심리에 대하여 다시 강조할 부분은 인간은 이미 획득한 이익을 잃을 때, 그 손해를 매우 크게 느낀다는 점이다. 획득 여부가 불확실한 이익에 대해서는 이것을 잃는다고 해도 딱히 손실이라고 느끼지 않기 때문에 이미 확정된 이익을 잃는 것보다 심리적 효과가 작다. 이를 학습에 대입해보면 학습 성과에 따라 정해지는 특정한 기회나 가능성을 잃는 것은 딱히 손실이라고 보기 어렵다. 결과가 어떻게 될지 모르는 미확정 상태이기 때문이다. 예컨대 전문직을 얻고자 공부를 하는 사람이 학습 성과가 부진해 전문직을 얻지 못하는 것보다는, 이미 전문직에 종사하는 사람이 전문직 자격을 박탈당하는 것이 더 큰 심리적 상실감을 유발하게 된다.

앞서 말했지만, 우리는 이미 손에 쥔 걸 잃어버리는 것을 더 끔찍하게 싫어한다. 따라서 학습에 강한 동인을 부여하려면 지금 가지고 있는 삶의 여건인 물질적 여건, 사회경제적 지위 등 학습자가 소유했다고 인지한 것들에 대해 손실 발생의 위험이 따라야 한다. 이를 다시 정리하면, 학습하는 과정에 '위기'가 있는 것이 인간의 학습 의욕을 고취하는 데에 훨씬 큰 영향을 미친다는 것이다. 위기가 학습 의욕을 고취한다는 경험적 믿음은 과학에 근거한 논리적 설명을 통해서 좀 더 견고한 설득력을 얻는다.

위기주도학습법이 '학습법'이 될 수 있는 이유는 인간을 둘러싼 구조적 환경에 대해 개인이 자신의 재량에 따라 상당히 많은 선택권을 가지고 있기 때문이다. 구조적 환경을 개선한다는 건 밑도 끝도 없이 계속해서 내면의 의지를 다지거나 생각의 방향을 정해 자기암시를 반복하는 등의 내적 행위와는 다르다. 결단력 있게 구조적 개선을 한다면 그것이 현실의 삶에 두드러지게 드러나 특정 행동을 유도하는 삶의 조건이 될 수 있기 때문이다.

이러한 배경에서 학습을 위한 내부 동인을 형성하는 일에도 구조적 환경 조성과 구조적 개선을 이뤄낼 수 있다는 게 위기주도학습법의 핵심이다. 학습 과정에서 적절한 위기를 조성함으로써 당사자는 각 위기에 따른 학습 추진력을 확보할 수 있다. 공부할 때마다 의지나 의욕이 계속해서 꺾이는 것을 위기를 설정함으로써 극복하는 일종의 가능성이 열리는 것이다.

물론 학습 과정에서 위기 자체를 느끼지 않는다면 위기주도학습은 불가능하다. 그러나 '위기 상황인데 불안감이나 위기감을 느끼지 않는다'는 건 다소 납득하기 어렵다. 이는 앞서 말한 것처럼 진짜 위기 상황이 아닐 수 있다. 아니면 스스로 아무것도 잃을 게 없다고 생각하거나 말이다. 공부하지 않으면 현재 삶의 여건이 안 좋아진다거나 이미 가진 것을 잃게 된다는데, 과연 이런 위기 상황에 놓였을 때 누가 그 손실을 여유롭게 견딜 수 있다는 것인가? 만일 있다 하여도 이는 이론적 설명이 어려운 예외적인 사례에 불과할 것이다.

결국 위기주도학습법의 논지는 돌고 돌아 '공부를 안 하면 너무 큰 손해를 입을 만한' 상황을 설정해야 한다는 것이다. 공부하지 않았을 때 구조적으로 아무것도 손해 볼 것이 없다거나 공부를 잘하기 위하여 내가 가진 무언가를 걸어볼 결단을 하지 못한다면 사실상 위기주도학습법을 실행조차 할 수 없는 것과 같다.

말로만 '위기'가 아니라, 나 자신에게 진짜 소중한 것이 망가지거나 사라진다는 인식이 없다면 위기는 찾아오지 않는다. 부지불식간에 많은 것을 잃어버렸다는 사실을 자각하기 전까지 그것이 위기였는지 모를 수도 있다. 물론 모든 사람에게 손해를 볼 수도 있다는 위기감을 억지로 강요하고 싶은 생각은 없다. 다만 평범한 사람도 효과를 볼 수 있는 공부법이 궁금하다면, 그 심리적 기제가 어디에서 기원하는지에 대해 명확히 전달하고 싶다. 위기야말로 나의 공부 환경을 개선하고 학습 의욕을 지속적으로 높여줄 확실한 대안이다.

위기 조성 요건
3요소를 기억하라

    그렇다면 학습 과정에서 인위적으로 위기를 조성하는 게 가능할까? 당연히 가능하다. 그렇지 않다면 이 책을 애초에 집필할 생각도 하지 않았을 것이다. 위기를 일부러 조성한다는 생각은 많은 사람에게 낯설 것이다. 그러나 구조적 개선은 비가역적이거나 내가 함부로 손댈 수 없는 구조적 변화를 결단력 있게 실행하고, 그 구조적 변화가 나의 행동을 특정 방향으로 유도할 수만 있다면 가능하다. 인위적으로 위기를 만들어내는 것도 이러한 요건에 부합한다면 충분히 구조적 개선의 한 방법이 될 수 있다.

    위기란 보통 예기치 못한 순간에 찾아와 우리를 힘들게 한다. 그러나 앞서 말한 것처럼 예견된 위기를 인위적으로 조성할 수 있다. 위기 상황에서 학습과 결부된 조건과 결과를 설정하면 위기주도학습의 구조가 탄생한다. 일상에서 언제 발생할지 모르는 다양한 위기 상황이 겹친다면 좀 힘들어질 수는 있을 것이다. 그러나 동시다발적 위기 상황을 적절히 관리하며 어려움을 이겨내는 것은 학습 과정에서 집중력과 몰입력을 높여주는 계기가 된다.

위기의 조건이 '손실의 위험'이라는 점에 다시 주목해보자. 위기주도학습에 필요한 인위적 위기 조성은 필연적으로 이러한 '손실의 위험'이 학습 태도나 성과라는 조건과 결부되어야 한다.

사실 학습 태도라는 것은 객관적으로 조건화하기가 어렵다. 학습 태도를 시간에 따른 학습량이나 문제집, 교재 등의 독서량으로 치환해 측정해볼 수도 있겠으나 '공부를 잘하는'이라는 측면에서 보면 이것이 위기의 조건으로서 유의미한 요소인지 고민해볼 필요가 있다. 무슨 말인가 하면, 우리가 더 많이 공부할 방법을 찾고 학습 과정에 위기를 조성하여 지속적으로 학습 의욕을 높이려는 까닭은 결과적으로 밀도 높게 공부를 잘하고 싶어서다. 우리가 단순히 문제집을 얼마나 많이 풀었는지, 엉덩이를 의자에 얼마나 오래 붙이고 앉아 있었는지, 이런 형식적인 양이나 시간을 늘리고자 더 많이 공부할 방법을 찾는 게 아니란 소리다.

따라서 학습 태도나 성과라는 조건을 고려할 때는 공부한 시간이나 필기량, 공부한 문제의 가짓수가 아니라, 시험 점수, 특정 시험의 합격 여부 등 구체적이고 분명한 학습 성과가 조건이 되는 것이 더 바람직하다.

인위적으로 위기를 조성할 때에 위기의 강도는 어떻게 측정할 수 있을까. 학습 성과를 달성하지 못했을 때 가해지는 손실의 크기가 그것이 어느 수준의 위기인지를 결정하는 척도가 될 수 있다. 이 차이는 사람마다 천차만별일 것이다. 시간, 금전, 타인과의 관계, 명예 등 손실로 여기는 요소들도 사람마다 다르겠지만 이것들에 대하여 사람마다 생각하는 가치의 크기 또한 다를 것이다. 따라서 어떤 요소를 설정하고 얼마만큼의 손실을 따르게 할 것인지는 각자 자신에게 맞게 설정하는 것이 바람직하다. 다음은 이 중 몇 가지 요소들을 예시로 든 것이니 참고해서 나에게 맞는 위기 조성 방법과 규칙을 설정해보도록 하자.

위기 조성에 앞서 명심해야 할 2가지

강조하건대 위기주도학습은 이룰 수 없는 희박한 확률에 도전하는 것이 아니다. 해볼 만하고 약간 버겁더라도 성공할 수 있는 가능성에 도전하는 것이다. 따라서 해볼 만한 수준의, 합리적인 수준의 위기를 조성해야 한다. 물론 어떤 사람은 불굴의 의지로 불가능을 가능하다고 믿으며 도전할 수도 있다. 이것 역시 나쁘지 않은 자세라고 생각한다. 하지만 이 책에서 이러한 사람의 경우는 논외다.

'위기주도학습'에 한하여 이야기하자면, 우리는 불가능을 의지로 바꾸고자 하는 게 아니라 평균에 해당하는, 쉽게 유혹에 빠질 수 있는 사람도 현실적으로 해볼 법한 방법을 찾고 싶은 거다. 따라서 불굴의 의지를 논할 필요가 없다. 위기의 수준을 너무 높게 잡아 스스로 불가능하다고 생각하는 목표를 달성해야 하는 것이 위기 상황이 되어서는 안 된다. 이는 오히려 평균에 해당하는 사람이 일찌감치 학습 성과 달성을 포기하고 손실 상황을 기정사실화하게끔 하는, 이탈 현상으로 이어질 여지가 있다.

위기로 인한 결과를 미리 각오하고, 결과가 나오기도 전에 사실상 정신적으로 위기에서 벗어나게 된다면 위기주도학습의 진정한 효과를 누릴 수 없다. 위험 회피 성향과 손실 회피 이론에 입각하여 생각해보면 이유는 명확하다. 위기주도학습은 손실에 대한 두려움을 통해 내적 동인을 끌어내는 것인데, 이미 확정된 손실이라고 여기는 순간 더는 두려워할 이유가 없기 때문이다. 달성 확률이 희박하면 희박할수록 위기가 이미 현실화되었다고 받아들이고 이로 인해 발생할 손실도 확정된 손실로 받아들일 확률이 높기 때문에 적절한 위기감을 조성하려면 적절한 목표를 설정하는 것이 중요하다. 사실 필자도 큰 피해가 예상되는 위기 상황이 닥쳤을 때 이를 극복할 가능성이 희박해 보여 다가올 불행에 대해 미리 마음의 준비를 하는 약한 모습을 보인 적이 있다. 당연하게도 처음부터 포기하면 결과는 실패로 돌아가기 마련이다. 그러니 인위적으로 위기를 조성하여 능률을 높이고 원하는 목표를 달성하고자 한다면 이런 어리석은 일을 하지 않길 바란다.

반대로 지레 겁을 먹고 너무 쉬운 목표를 설정하는 것도 학습 성과 달성에 도움이 되지 않는다. 가령 공무원 채용시험, 자격시험 등은 경쟁이 상당히 심한 편이라 너무 기준을 낮게 잡는다면 도전 자체가 불가능할 수 있다.

결론적으로 스스로 불가능하다고 확신하는 수준의 목표 설정은 가급적 피하되, 위기 상황에서는 자신도 모르는 초인적인 힘이 발휘될 수 있다는 믿음을 가지고 눈높이보다 약간 높은 수준으로 목표를 설정하는 게 현명하다. 그리고 여기에서 그칠 것이 아니라 스스로 설정한 기준과 목표를 쉽게 변경할 수 없도록 강제하는 것이 무엇보다 중요하다. 언제든지 스스로 타협할 수 있는 기준을 만들어놓는 것은 자신의 의지에 의존하는 것과 다를 바가 없다. 열심히 하자고 다짐하고서는 도로 아미타불 되는 결과를 초래하는 셈이다. 위기주도학습을 통해 구조적 개선을 목표로 한다면 자신이 설정한 기준은 타인이 설정한 명확한 기준에 따르거나 스스로 설정한 기준이라도 타인과의 약속, 계약, 공적 선언 등을 통해 외부에 공개하여 구속력을 부여하는 과정이 필요하다.

위기 조성 요건 ① 금전적 손실

공부했는데 학습 성과가 나오지 않을 경우, 보통은 필연적으로 재산상의 손실이 생긴다. 주로 금전적인 손실이다. 스스로 경제활동을 하거나 경제적 부담을 지며 공부하는 경우, 특히 수험생이라면 이러한 금적전 손실에 대한 위기감을 피부로 느껴봤을 것이다. 기간 내에 합격하지 못하면 수험 기간과 교재 비용, 교육 서비스 비용 등의 추가 지출로 귀결되기 때문이다. 따라서 직장 생활을 하거나 아르바이트를 하며 수험 비용을 직접 부담하면서 만만찮은 공부까지 해야 하는 이들에게는 금전적 부담 자체가 공부에 열중해야 하는 중요한 기제로 작용하게 된다.

공무원 시험 장수생, 고시 장수생 중에서 길고 긴 수험 생활이 만성적으로 몸에 익어 그 신분을 탈출하지 못했다는 이야기는 매우 고전적이다. 이 중에서도 전형적인 유형의 수험생은 부모님이 지원해주는 얼마간의 비용으로 의식주를 해결하면서 공부하는 사람들이다. 경제적으로 좀 쪼들리기는 하지만 그렇다고 당장 먹고살 걱정까지는 하지 않아도 되는, 이런 일정한 지원을 받는 수험생 중에서 고시나 공무원 시험에 자꾸 떨어지는 사람들은 대개 경제적 손실에 따른 위기감, 절박함을 잘 느끼지 못한다. 당장 자기가 가지고 있는 현금을 빼앗기는 것도 아니고, 수험 생활이 이어지는 동안은 정기적으로 일정 금액을 후원받기 때문에 수험생 본인의 손실이라고 인지하기 어려운 듯하다.

하지만 실질적으로 따지고 보면 공부한다고 조건 없이 지원해주는 가족들의 경제적 도움은 가계 전체를 놓고 보았을 때 수험생이 수험 생활을 계속할수록, 원하는 학습 성과를 내지 못할수록 손실이다. 그것도 손실이 계속해서 누적되는 구조다. 다만 그것이 수험생의 피부에 와닿지 않는, 자신이 가진 것을 직접적으로 빼앗기지 않는 손실이어서 손실이라고 느끼지 못할 뿐이다.

이러한 경향은 경제활동 경험이 충분하지 않은 학생들에게서도 흔히 발견된다. 아직 사회생활을 해서 직접 돈을 벌어본 적이 없는 학생들에게 경제적인 손실을 위기의 결과로 결부시키는 것은 쉽지 않다. 정말 드문 경우를 제외하면 대부분 부모에게 경제적으로 의존하고 있으므로 스스로 돈을 벌어 기본적인 의식주를 해결해야만 한다는 걱정을 할 필요가 없기 때문이다. 또 학습 성과가 잘 나오지 않는다고 해서 잃을 만한 대단한 재산이 있는 것도 아니니 더욱 그러할 것이다.

일반적으로 지원을 받으며 공부하는 자녀에게 부모의 경제적 지출을 본인의 경제적 손실과 동일시하도록 기대하는 것은 무리가 있다. 부모의 지출과 손실에 책임감을 느끼며 공부한다면 좋겠지만, 이건 바람에 불과하다. 사실 경제적 손실을 학습 과정에 결부시키는 가장 좋은 방법은 학습자 스스로 비용이 어디에서 지출이 되든 그것을 손실로 인식하고 자연스럽게 위기의식을 느끼는 것이다.

그러나 위기의식을 제대로 인식하지 못한다면 위기 조성 자체가 되지 않기 때문에, 적절한 위기 조성을 하려면 학습 성과 부진에 따른 금전적 손실의 피해가 학습자에게 직접적으로 돌아가도록 조건을 재구성하여 결부시킬 필요가 있다. 대표적인 방법으로는 가족, 친구나 주변에 친한 지인들과 자신의 학습 성과를 가지고 내기를 해서 이 내기에서 질 경우 실제 성과에 따른 금전적 피해가 나 자신에게 돌아오도록 구속하는 것이다. 가령 이번 시험에서 몇 점 이상 올리지 못한다면 한 달에 받는 용돈의 얼마를 깎겠다고 부모님과 약속하는 것이다.

이러한 경제적, 금전적 손실을 조건으로 결부시켰을 때 우리가 얼마나 부담을 느낄지는 사람마다 처한 상황에 따라 다를 것이다. 그럼에도 이 방법을 이야기하는 까닭은 목표한 성과를 내지 못하면 상당 금액을 가족, 친구에게 쓰겠다고 약속하는 등 자신에게 부담스러운 손실 상황을 적절히 설정하는 것만으로 학습 과정에서 이른바 '금융 치료'의 효과를 누릴 수 있기 때문이다. 가령 이번 기말고사에서 목표한 등수를 확보하지 못했을 때 친구들에게 치킨 10마리를 사야 한다면, 웬만한 사람은 당연히 다소의 위기감을 연출할 수 있을 것이다.

만약 당신이나 당신에게 경제적인 지원을 해주는 가족이 이미 충분히 경제적으로 궁핍하다면, 그 현실을 직시하는 것이 먼저다. 당신의 실패가 당신을 지탱하는 경제적 공동체 구성원의 삶을 어떻게 망가뜨리고 있고 어떠한 악영향을 주는지를 명확히 이해한다면 그 상황 자체가 충분한 위기로 다가올 것이다.

위기 조성 요건 ② 시간과 기회

시간은 위기주도학습법에서 핵심적인 요소이자, 학습 성과를 평가하는 데에도 매우 중요한 요소이다. 사람이 평생 공부만 할 수는 없다. 평균에 해당하는 사람들이라면 물론 평생 공부만 할 생각도 없겠지만 말이다. 우리가 통상 거치는 학습 과정을 고려하더라도 입시나 취직, 자격증 취득, 고시 합격 등 다 시간 제약이 있고, 그 안에서 목표를 달성해야 한다는 뚜렷한 목적성을 지니고 있다. 따라서 일반적으로 수험생들이 해야 하는 '공부'란 제한된 시간 내에 성과를 내는 것이 대단히 중요하다.

시간이라는 자원은 어떤 인간에게나 한정되어 있다. 이는 단순히 인간의 수명이 유한하다는 의미뿐만 아니라, 주어진 사회경제적 질서 안에서 정해진 시간 안에 학습 성과를 내지 못하면 성과에 부수하는 사회경제적 지위, 경제적 실리, 명예 등을 제대로 누리지 못한다는 의미도 포함된다. 어렵게 설명했지만, 간단히 말하자면 이런 뜻이다. 예컨대 초등학교 6학년이 치러야 할 수학경시대회 문제를 중학교 3학년이 잘 풀었다고 해서, 그에게 이 학습 성과가 초등학교 6학년생에게만큼 의미 있는 것이 되지는 못한다.

이처럼 공부할 때 시의성이라는 요소는 대단히 중요하다. 그런데 정규 교육 과정이 끝나고 성인이 되면, 수능 재수생, 삼수생, 편입생 등 특정 시험에 원하는 결과를 얻을 때까지 재도전하는 경우가 생기고 직업을 구하기 위한 각종 시험을 포기하지 않고 연달아 보는 일도 드물지 않게 일어난다. 그래서 시의성에 대한 중요도가 청소년기의 학습에서보다 덜 중요한 것처럼 보이기도 한다. 그러나 여전히 학습 성과의 시의성은 개인의 인생에 엄청난 영향을 미치는 요소이다.

준비하는 시험이 있는 사람이라면 최단기간에 합격하기를 희망할 것이다. 자신에게 허용된 시간이 무한하다고 생각하는 이는 아무도 없다. 그러나 어영부영 시간을 낭비하는 장수생들이 가장 흔히 하는 실수 중 하나는 구체적인 데드라인을 설정하지 않고 조금만 더 하면 된다는 생각으로 될 때까지 도전한다는 것이다. 이러면 자기 인생에서 다른 여러 분야에 도전할 수 있었던 기회나 자기 인생의 황금기도 같이 날려버릴 수 있다.

사법시험이 없어지기 전 이른바 '고시 낭인'이 사회의 한 문제로 대두된 적이 있었다. 필자도 서울대학교 재학 당시 캠퍼스에서 공부를 너무 오래 한 나머지 정신적으로 문제가 생겼다는 전설이 꼬리표처럼 따라붙은 다양한 기인들을 목격한 적이 있다. 그럴 때마다 수험 기간의 데드라인을 명백히 정해놓고 공부한다는 것이 위기주도학습 측면에서뿐만 아니라 한 사람 인생의 리스크 관리 측면에서도 얼마나 중요한 일인지를 절실히 체감했다.

위기주도학습 측면에서 구체적 수험 기간을 정해놓는 것은 상당히 중요하다. 그것이 시험에 도전하는 횟수든 구체적인 기한이든 자신에게 허용된 수험 기회, 공부 기회를 날려버린다는 손실 감각이 들 정도로 구체적인 조건을 설정하는 것이 중요하다. '안 되면 다시 도전하면 되지'라는 생각은 실패로 인한 좌절을 이겨내거나 스트레스를 낮추는 데에는 도움이 될지 모른다. 그러나 집중력과 학습 의욕을 최고조로 끌어올리는 데에는 도움이 되지 않는다. 학습 성과를 내는 데에 실패한 직후 자신을 다스리는 동안에는 적합한 생각일지 모르겠지만 이런 생각이 습관화되면 학습하는 동안 공부의 내적 동인을 끌어내는 위기 감각을 무디게 하고 학습 효율을 떨어뜨리기 십상이므로 주의해야 한다.

수험 기간, 수험 기회를 제한할 때 스스로 다짐하는 것도 좋지만, 전술한 바와 같이 이는 오히려 다짐을 번복하며 자기 합리화하기가 쉽다. 따라서 강제력 있는 구조적 환경을 만들고자 한다면 이런 다짐을 외부에 알려서 약속, 계약과 같은 방식으로 그 제약에 구속력을 부여하거나 경제적 조건이나 다른 생활 조건 등 다른 조건과 함께 결부시키는 것이 좋다.

예컨대 자취방을 잡아 홀로 공무원 시험을 준비하고 있고 딱한 번만 더 도전해보기로 했다고 가정하자. 주택임대차보호법상 임차인은 동일한 조건의 임대차 갱신을 하려면 만기 6개월부터 2개월 사이에 임대인에게 갱신 의사를 통지해야 한다. 이를 이용해 딱 한 번이라는 수험 기회에 대한 구속력을 갖추려면 이 시기에 맞추어 방을 뺄 각오로 임대인에게 갱신 의사가 없음을 미리 통지하는 것이다. 이럴 경우 자신의 다짐을 번복하는 것이 현실적으로 힘들고 어려워진다. 만일 수험 생활에 드는 비용을 지원받는 경우라면, 자신이 정한 기준에 따라 주어진 기회를 소진한 이후에는 더는 경제적 지원을 받지 않을 것이라고 약속하는 것도 확실한 위기를 조성하는 방법이다.

위기주도학습법은 위기라는 구조적 요소를 '인위적으로' 조성하여 상당한 정신적 부담감과 스트레스를 동원해 내적 잠재력과 집중력, 몰입도를 극대화하는 것을 목표로 한다. 만일 이런 부담감이나 스트레스가 싫다고 스스로 정신적 불안을 회피하거나 도전에 두려움을 느껴 넉넉한 기간을 설정하거나 기회를 더 부여하려다 보면 학습 초기에는 여유가 있다는 생각에 위기주도학습의 효과를 거두기가 어렵다. 기간이나 기회를 설정할 때는 바로 이러한 점에 유의하여야 한다. 시간이 빠듯하지 않으면 위기는 오지 않는다.

따라서 단기간에, 단번에 학습 성과를 내겠다는 각오가 아니라 다년에 걸쳐서 합격을 노려보겠다고 결심한 사람은 일단 이러한 마음가짐이 과연 학습 능률을 올리는 데 도움이 되는 마음가짐인지 자문할 필요가 있다.

그렇게 스스로에게 묻고 나서도 이것이 궁여지책으로 의미가 있다는 생각이 든다면 기간이나 기회를 재설정해야 한다. 학습 과정 전체를 놓고 봤을 때 시점별 혹은 회차별 목표 지점을 세분화한다거나 목표 달성 실패에 따른 손실 수준을 각기 다르게 조정해놓는 것이다. 과목별 통과 여부나 석차를 1차 기준으로 놓는 것이 여기에 해당한다.

위기를 세분화할 때는 학습 과정 사이사이에 위기감과 긴장감이 떨어지지 않도록 설계하는 것이 매우 중요하다. 긴 기간 동안 공부해야 할수록 긴 호흡으로 버텨야 하므로, 학습 과정 사이사이에 위기를 적절히 배치함으로써 내 의지적 노력에 의존하지 않더라도 구조화된 요소가 연출하는 높은 긴장감을 그대로 가져가게끔 해야 한다. 필자는 최근 이처럼 시간과 기회 요소가 적절히 통제되지 않으면 제대로 된 위기주도학습법이 불가능하다는 것을 변호사 시험을 치르며 뼈저리게 느꼈다.

필자는 변호사 시험을 공인중개사 시험을 응시한 지 약 2개월 후에 응시하였다. 회사를 운영하며 준비하다 보니 막판에는 정말 준비할 시간이 부족했다. 시간만 놓고 보면 불합격할 확률이 다분한, 그야말로 위기 상황이었다. 더군다나 불합격할 확률이 높은 상황인데도 최초로 응시하고 나서 불합격하더라도 앞으로 매년 한 번씩, 총 네 번의 기회가 더 주어진다고 생각하니,

그나마 주어진 얼마 안 되는 시간 동안에도 제대로 공부에 집중할 수가 없었다.

거기다가 변호사 시험은 회사 운영에 많은 도움이 되겠으나 공인중개사와는 달리 반드시 합격해야 할 자격시험도 아니었고, 시험에서 떨어진다고 하여 공인중개사 불합격만큼 큰 손실을 입는 것도 아니었다. 이러한 인식 때문에 외부적 조건의 구속력도 다소 떨어지는 편이었다.

결과적으로는 합격했지만 이러한 안일한 생각으로 인해 시험 기간 동안 컨디션 조절과 막판 내용 정리를 망쳐, 필자는 이 시험의 경우 위기주도학습을 제대로 이용하지 못했다고 생각한다. 만일 이것이 마지막 기회라고 생각하고 그에 따른 위기감을 학습 과정에 충분히 이용했다면, 시험 내내 수면 부족, 배탈로 고생하며 위태로운 상태로 시험에 응시하진 않았을 테니 말이다.

명확한 수험 기간, 수험 기회를 정해두고 이를 모두 소진하면 다시 응시할 수 없도록 구조적 환경을 조성하는 것은 위기주도학습의 측면에서 필수적이다. 이를 통해 필사적으로 공부하지 않으면 안 된다는 신호를 나 자신에게 명확히 전달하는 것은 학습 의욕만 높이는 것이 아니라 자신의 인생 전체의 리스크 관리를 하는 데에도 나쁠 것이 없는 슬기로운 선택이라고 본다.

위기 조성 요건 ③ 사회적 평가

대한민국은 여전히 입시, 공무원 시험, 각종 전문직 시험 등 굵직한 시험에서 얻는 성과가 사회경제적 지위를 결정하는 데 큰 영향을 미친다는, 국민의 인식이 제법 확고한 나라이다. 그래서인지 '공부해서 뛰어난 성과를 올렸느냐' 이 사실이 개인의 사회적 평가의 기초가 되는 경우가 많다. 쉽게 말해 명성 높은 대학교 진학, 전문직 자격 획득, 고시 합격 등 공부해서 얻는 결과의 성패에 따라 냉정한 사회적 평가가 뒤따른다. 그것이 과연 옳은가의 질문은 차치하고 공부한 성과로 말미암아 사회적 평가나 평판, 구성원으로서의 가치가 어느 정도 정해진다는 사실 자체만으로 공부하는 사람에게는 심리적 부담 요소로 작용할 수밖에 없다.

그러나 이와 같은 학업 성과로 얻는 우호적인 사회적 평가는 시험을 준비하는 과정에서 이미 얻은 것이 아니므로, 그러한 성공적인 결과를 동경하고 염원할 수는 있어도 학업 성과의 부진으로 이러한 기회를 획득하지 못한다고 해서 이미 갖추고 있던 지위를 박탈당하는 상실감을 느끼지는 않을 것이다. 이러한 측면에서 보면 공부를 잘하는 학생, 수험생들은 본인의 의도와는 무관하게 이미 위기주도학습에 강하게 노출되어 있다.

공부 잘하는 학생들은 공교육, 사교육 현장을 막론하고 자연스럽게 특별한 대우를 받는다. 우수한 진학 실적, 우수한 학습 성과가 기대되는 학생들은 선생님은 물론 학생들과 학부모들 사이에서도 기대와 관심의 대상이 된다. 그것을 무엇이라고 콕 집어 이야기하기도 어렵고 어떻게 보면 별것 아닐 수 있지만, 그래도 없는 것보다는 있는 게 나은 무언가를 이미 가지게 되는 셈이다.

황당한 이야기지만 필자는 학창 시절에 종종 이런 경험을 한 적이 있다. 중학교 1학년 시절 친구와 치고받고 싸웠을 때, 고등학교 야간자율학습을 땡땡이치고 짓궂은 장난을 치다가 붙잡혀 혼이 날 때도 같이 꾸중을 듣던 친구들과 비교했을 때 대체로 덜 혼나고, 학교 안팎에 퍼진 구설수에 덜 올랐었다. 물론 평소에 공부를 잘하는 학생이었다는 사실이 절대적인 영향을 준 요소는 아니었겠지만, 그 영향이 아예 없었다고는 생각하지 않는다.

어쨌거나 그것을 스스로 인식하고 있든 아니든, 공부를 잘하는 학생들은 대개 사회에서 우호적인 평가를 받는다. 그리고 성적이 떨어지면 자연히 그 우호적 평가도 잃게 된다. 물론 그것이 직업을 잃거나 재산을 몽땅 잃는 상실에 비할 바는 아닐 것이다. 그러나 학생의 신분으로 누릴 수 있는 것이 많지 않다는 점에서는 그런 우호적 평가를 잃는 것도 큰 상실이 될 수 있다. 그래서 공부를 잘하는 학생들은 '공부하지 않으면 성적이 떨어지고, 그러면 자신에 대한 우호적 평가도 잃을 것이다'라는 위기감을 느낀다. 공부를 잘하면 좋은 일이 있다는 긍정적 강화와 성적이 떨어지면 무언가를 잃는다는 부정적 강화가 혼재하고 있는 것이다. 그래서 그런 평가를 잃지 않고자 꾸역꾸역 공부를 해낼 수밖에 없다. 자연스럽게 위기주도학습을 하는 셈이다.

공부를 잘하는 학생이라는 가정하에 설명했지만, 공부가 사회경제적 지위와 밀접하게 결부된 이상 공부를 반드시 해야 하는 수험생이라면 그 실패로 인한 사회적 지위의 상대적 하락에서 완전히 자유로울 수 없다. 어떠한 시험에 도전했다가 실패한 경험이 마냥 우호적으로 해석되는 경우는 거의 없기 때문이다.

그 외에도 공부에 관한 사회적 평가는 단지 공부를 얼마나 잘했고 어떠한 학업 성과를 이뤄냈느냐에 국한하지 않고 훨씬 다면적인 조건들과 결부시킬 수 있어서, 반드시 공부를 잘하는 이들만 사회적 평가를 이용한 위기주도학습이 가능한 것은 아니다. 사회적 평가는 한 인간에 대한 신용성, 평판, 교류하는 구성원들의 다양한 의견을 포괄하는 개념이다. 따라서 공부를 못하더라도 인성이 훌륭하다는 사회적 평가를 받을 수 있고, 공부를 잘하더라도 상대하기 껄끄러운 사람이라는 사회적 평가를 받을 수 있다.

이러한 사회적 평가는 우리가 살아가는 데에 직접적인 영향을 많이 주므로 이로부터 완전히 자유롭기는 매우 어렵다. 외부의 평가에 민감하여 괴로움을 토로하는 경우는 우리 주변에서도 쉽게 관찰할 수 있다. 그런데 이러한 사회적 평가는 우리가 밀접한 관계를 맺고 있는 다양한 공동체 구성원들과의 상호작용을 통해 끊임없이 변화한다. 우리는 대부분 상호작용하는 상대방이 나를 괜찮고 좋은 사람으로 봐주기를 원하며 평판이 떨어지는 것을 원하지 않는다.

공부에 관해서는 누구나 뛰어난 학업 성과를 올려 그러한 성과가 가져다주는 훌륭한 사회적 평가를 누리고 싶을 것이다. 동시에 '정직하지 못하다'거나 '솔직하지 못하다', '부정확하다', '허풍이 심하다'라는 부정적 평가를 받고 싶지 않을 것이다. 위기주도학습법은 이러한 사회적 평가의 손실에 대한 우려 역시 위기를 조성할 수 있는 구조적 요소로 본다.

공부를 많이 하고 학업 성과를 올려야 하는 과제가 주어졌다면, 자신이 현재 공부를 잘하는 사람으로 평가받고 있는지와는 별개로, 그러한 목표를 반드시 이룰 것임을 가족, 친구, 기타 다양한 사회적 관계에 걸쳐 당당히 공개하는 것이 위기 조성 방법이 된다. 실패했을 때 자연스레 따라올 학업 저성과자에 대한 부정적 사회적 평가와 확실하지도 않은 목표를 마치 이룬 것처럼 먼저 떠들었다는 냉담한 평가, 자신의 평판 하락을 위기 조성에 활용하는 것이다. 이렇게 외부에 자신의 목표를 공표하는 것은 스스로 평판의 하락이라는 손실 상황을 상정함으로써 구조적 위기를 설정함은 물론, 목표를 알리는 과정에서 목표 달성 가능성에 대한 믿음을 스스로 다지게 해준다.

그뿐만 아니라 이렇게 외부에 공표하는 행위는 어떤 방식으로 하느냐에 따라 사회적 평판의 손상 정도가 달라질 수 있어 여건에 맞는 구조적 환경 조성에 유연하게 활용할 수 있다. 예컨대 고시 공부를 하면서 이미 다 붙은 듯이 주변에 이야기하고 다녔다면 그로 인한 위험성과 압박감도 그만큼 더 커질 것이다. 심지어 붙었다고 거짓말을 한다면 더더욱 압박감이 클 것인데, 거짓말까지 하면서 그런 위기를 조성할 필요가 있나 싶기는 하다.

필자가 경험한 바에 따르면, 공부와 관련된 거짓말의 사회적 평판은 정말 오래가는 편이다. 학창 시절, 습관적으로 자신의 학업 성적에 관해 거짓말을 하던 동창생의 이야기가 십 년이 훌쩍 지난 지금도 친구들 사이에서 회자되고 있으니 말이다.

필자는 몇 차례의 방송 출연과 유튜브 채널 운영 등 미디어 활동을 통해 사회적 관계 확장을 경험하였다. 그래서 사회적 평가로 인한 압박감을 늘 강하게 느낄 수밖에 없었다. 이미 필자가 법률을 공부하는 대학원생으로 매체에 비추어졌고 필자가 운영하는 유튜브 채널을 봐도 필자의 학벌과 과거의 학업 성과에 흥미를 느껴 시청하는 분들이 많았으므로 과연 필자가 변호사가 될 수 있을 것인지 유심히 지켜보는 눈들이 많았다. 그중에는 필자의 실패를 기대하는 부정적 시각도 분명히 존재하였다. 그런 의미에서 변호사 시험을 공부하는 데에 사회적 평가 요소가 상당한 수준의 구조적 위기를 조성할 수밖에 없는 상태였다.

물론 이와 같은 사회적 평가에 대해서는 일찌감치 초연하고자 하는 나름의 노력을 해왔기에 이 부분을 위기주도학습에 적극적으로 활용하려고 하진 않았다. 그러나 사회적 평가라는 요소는 분명 많은 이에게 위협적인 위기 요소다. 따라서 이를 제어하는 것은 위기주도학습의 좋은 결부 조건이 될 것이다.

지금까지 크게 3가지 정도를 이야기했는데, 그 외에 무엇이 우리에게 위기로 다가올까? 강조해서 말했지만, 위기는 본질적으로 자신이 가지고 있는 것을 상실하게 되는 위험으로부터 유래하기 때문에 무정형하고 무한정하다. 우리에게 위험이 되는 것, 우리가 잃을 수 있는 것은, 이 책에서 소개한 것뿐만 아니라 사랑하는 사람과의 친밀한 관계일 수도 있고 특정한 물건일 수도 있다. 요건이 될 만한 것들은 사람마다, 그 사람이 처한 환경에 따라 무궁무진할 것이다.

위기주도학습에서 위기 조성을 통한 구조적 개선은 그 위기의 종류가 무엇인지를 불문하고 목표 달성을 위한 공부를 하게 끔 압박하는, 건전한 방향으로 우리를 이끈다. 어떤 사람이더라 도 잃고 싶지 않은 것이 있다면 본능적으로 그것을 지키고자 노 력할 것이다. 따라서 나 자신이 위기라고 느낄 만한 것이 무엇인 지를 성찰해보고 이를 바탕으로 자신의 학습 과정에 위기를 조 성하여 구조화한다면, 자연스럽게 자신에게 맞는 위기주도학습 법을 설계하여 구조적 개선을 이뤄낼 수 있을 것이다.

구체적이고 피부에 와닿는 금전적 손실, 다시는 돌이킬 수 없는 한정된 시간과 기회, 또 사회적 평판까지…. 잃었을 때 상실감과 고통이 큰 것이라면 무엇이든 나에게 효과적인 위기 요소로 작용할 수 있다. 지금 당신에게 '위기'란 무엇인가? 공부하지 않음으로써 뭔가를 잃는다면, 당신이 지금 이 순간 절대 잃고 싶지 않은 것은 무엇인가?

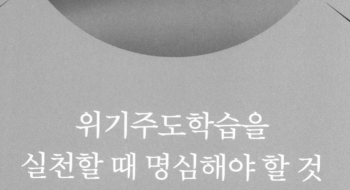

4장

위기주도학습을
실천할 때 명심해야 할 것

나에게 맞는
위기 상황을 설계하라

만약 지금까지의 내용을 읽고 '위기의식을 가져야 하는구나' 라고 생각한다면 모든 것이 잘못 전달된 것이다. 위기주도학습법은 학습자가 능동적으로 위기의식을 가져야겠다고 다짐해서 공부하는 학습법이 절대 아니다. 오히려 그와 같이 학습자의 주관과 의지에 의존하여 정신 무장하는 것은 현실적이지 못할뿐더러, 유혹에 자주 흔들리는 평범한 사람, 즉 이 책에서 이야기하는 평균인에게는 더욱이 효과적이지 못하다는 냉철한 가정을 바탕으로 현실적인 구조적 변화와 개선을 일으키라고 제안하는 학습법이다.

공부라는 인지 활동을 하려면 학습자의 자발적인 인지 작용이 필요할 텐데, 대체 학습자의 주관과 의지에 맡기지 않고서 어떻게 공부에 대한 의욕과 의지를 증진할 수 있는지 혼란스러울 수도 있다. 그러나 앞서 설명한 구조적 개선의 개념을 이해했다면, 인간의 행동이 반드시 명시적인 사유나 의욕에 따라 결정되는 것은 아니고 의도한 구조적 환경에 따라 특정 방향으로 유도될 수 있다는 것을 알게 됐을 것이다.

위기주도학습법은 '공부를 하지 않으면 이미 가진 것을 상실할 수 있다'는 위험 또는 위기의식을 가장 잘 느낄 수 있도록 학습 과정마다 의도적으로 위기를 조성하여 이를 구조화하는 것이다. 학습자 스스로 자신이 설정한 구조적 환경에 따라 본능적으로 위기감과 조바심을 느끼고, 그에 기반해 다른 잡생각 없이 학습에 대한 적절한 압박감, 몰입감과 집중력을 자연스럽게 발휘하게 되는 것이 이른바 이 학습법의 핵심인 것이다.

따라서 이러한 구조적 측면을 이해하지 못한다면 적절한 실천도 할 수 없다. 요컨대 위기주도학습법은 학습자 개인이 공부를 열심히 해야겠다는 의욕을 유지하는데 불필요한 내적 갈등을 경험하지 않도록, 공부하지 않으면 안 되는 분명한 이유를 외부에 조성하여 스스로 의지적 요소의 갈등 없이 학습 행위에 집중하도록 마음의 길을 터주는 것에 가깝다. 위기주도학습법을 구조적 개선이라는 측면에서 활용하지 못한다면 이는 위기주도학습법이 아니라 그냥 열심히 공부하는 자기주도학습법에 불과하다. 자기주도학습의 이상향과 장점은 필자도 동경하나, 과연 평균에 해당하는 사람들이 자기주도학습법을 얼마나 잘 해낼 수 있을까에 대한 회의가 든다. 만약 이것이 효과가 있었다면 자기주도학습의 붐이 계속해서 유지됐을 테고 그 후로 어떤 공부법도 불필요했을 테니 말이다. 이런 생각에 필자의 경험을 바탕으로 위기주도학습법의 개념이 탄생한 것이다.

다시 한 번 강조하건대, 위기주도학습법은 별안간 우리에게 위기의식을 가지라고 요구하지 않는다. 스스로 자신에게 맞는 구조적 위기 상황을 설계하고 작동시킴으로써 실제 자신에게 닥친 위기에 대응하라는 메시지에 더 가깝다. 위기 상황에 놓였을 때 발휘되는 우리의 숨겨진 본능을 일깨워 공부에 활용하기 위해 다소 복잡한 도구적 요소들을 활용하고 있으나, 편안하고 안락한 삶을 찾아 진화해온 우리를 자발적으로 움직이게 하려면 이런 특별한 접근이 필요하다는 점을 독자들이 널리 이해해주었으면 한다.

아무리 훌륭한 설계라도
포기하면 끝이다

아무리 훌륭하게 설계했다고 해도, 포기하면 끝이다. 이 책에서 소개한 구조적 개선의 개념, 사례, 실천 방법, 학습 영역에서의 구조적 개선과 핵심 과제, 학습 의욕을 올려줄 위기주도학습의 개념과 실천 방안 등 그 모든 것이 학습자의 포기 선언 앞에서는 무의미해질 뿐이다.

위기주도학습법은 평균에 해당하는 인간이라면 누구나 느낄 손실에 대한 위기감과 공포감을 스스로 활용하게끔 유도한다. 평범한 학습자라도 위기를 극복하고자 한다면 공부가 아닌 다른 것에 한눈팔지 않고 포기하고 싶지 않도록 유도하는 학습법이다. 그런데 그렇게 공부에 집중하게끔 하고, 공부를 할 수밖에 없는 구조적 개선의 노력을 한다고 한들, 학습자가 별안간 공부하지 않겠다고 포기해버린다면, 위기를 극복하지 않고 받아들이겠다고, 위기주도학습법을 따르지 않겠다고 포기해버린다면 사실 별다른 대책이 없다.

위기 상황에서 포기를 선택한다는 것은 내 앞에 놓인 손실의 가능성을 모두 현실로 받아들이고 그 손실의 부담을 감내하며 살아가겠다는 의미이다. 공부도 좋지만, 그것이 스스로 생각하기에 본인을 위한 선택이라면 존중받아야 마땅하다. 그러나 최소한 이 책을 집어 든 독자라면 그런 선택을 하진 않을 것이다. 오히려 그런 선택을 피하고 싶어, 도움을 받고 싶어서 이 책을 집어 든 게 아닌가.

위기주도학습법은 기본적으로 가상의 위기를 설정하기보다는 철저히 자신에게 언제든 닥칠 수 있는 현실적인 위기를 설계하여 위기를 극복하지 못하면 그로 인한 피해와 손실을 완전히 피할 수 없는 실전적인 방식을 지향하고 있다. 따라서 포기를 운운하기 전에 이 점을 분명히 인지하는 게 좋다.

어설프게 위기 속으로 뛰어들어 많은 정신적 부담을 안고 있다가 결국 그 부담을 못 이겨 포기해버린다거나, 현실이 된 위기를 감내할 것이라면 애초에 이 학습법에 도전하지 않는 것이 훨씬 나을 수도 있다. 위기에 맞서 싸우겠다는 결연함이 없다면 그 모든 것은 시작부터 실패라는 점을 진지하게 고려해야만 한다.

　세상에 그렇지 않은 일이 어디 있겠느냐마는, 특히 공부는 쉽게 포기하는 습관을 지닌 사람일수록 잘하기가 어렵다. 위기 상황에서 버텨내는 것도, 그 안에서 일정 수준 이상의 학습 시간을 확보해 스스로 요령을 찾아 나가는 것도, 학습 내용을 충분히 받아들이는 것도 모두 인내와 시간이 필요하다. 중간중간 예상하지 못한 장애물에 부딪힐 수도 있고 막다른 길에 다다랐다는 막막함이 들 수도 있다. 하지만 그런 생각을 하기 전에 정말 막다른 곳인지, 실제로는 그렇지 않은데 스스로 지레 겁을 먹고 포기하는 게 아닌지, 이를 합리화하려는 것은 아닌지 돌이켜보아야 한다.

공부에 집중하게끔, 공부를 할 수밖에 없게끔 해놓고도 학습
자가 공부하지 않겠다고 포기해버린다면, 위기를 극복하지
않고 받아들이겠다고 한다면, 위기주도학습법이라고 한들
아무 소용이 없다.

구체적 목표나
성과가 있을 때만 유효하다

위기주도학습법은 학습법에 불과하다는 점도 반드시 강조하고 싶다. 이 학습법은 라이프스타일이 아니고, 인생을 어떻게 살아야 한다는 철학적 사유도 아니며, 모든 상황에 통용되는 만능 노하우도 아니다.

콘텐츠를 다루는 다양한 매체에서 간단한 몇 가지의 방법, 때로는 정돈된 한 가지의 방법만 따라 하면 모든 고민과 문제가 해결되고 새로운 삶으로 완벽히 탈바꿈할 수 있다는 메시지를 전달할 때가 있다. 누군가에게는 그것이 통할지도 모르겠지만, 필자는 그렇지 않다고 생각한다. 그리고 이 책에서 필자가 말한 구조적 개선이나 위기주도학습법 역시 그런 만병통치약은 아니다. 말하지 않았나. 그런 것은 애초에 없으며, 자기 상황에 따라 변형할 뿐이라고 말이다.

위기주도학습법은 그야말로 학습 의욕을 높여주는 매우 독특하고 극성맞은 도구적 개념이다. 공부만으로도 힘든데 공부하는 매 순간 위기에 처하게끔 자신을 내몰기 때문이다. 그럼에도 지금껏 다양한 방법으로 공부를 해왔으나 잘되지 않았다거나, 자꾸 공부해야 하는 상황에서 딴짓하고 싶다거나, 이번만큼은 확실한 변화를 만들고 싶어 마음을 굳게 먹은 분들이라면 한 번쯤 실천에 옮겼으면 하는 바람이다. 그리하여 독하게 공부하는 것은 이번 한 번으로 끝내고, 앞으로는 가급적 그렇게 독하게 공부하지 않아도 되는 상황으로 얼른 탈출하기를 바란다.

배움 그 자체는 즐거울 수 있으나 우리가 이 책에서 내내 말한 공부라는 것이 매 순간 즐겁기는 힘들다. 내가 원하는 걸 자발적으로 배우는 행위와 뭔가를 배워야만 하고 이것을 경쟁적 선발을 위해 써먹는 행위는 매우 이질적이다. 게다가 배우는 행위 그 자체가 즐겁지 않다고 생각하는 사람도 꽤 많다. 특히 확률분포상 평균에 해당하는 사람이라면 더욱이 뭔가를 배워야만 한다고 하면 귀찮고 성가시다고 느낄 것이다. 그것이 더 자연스러운 모습이니 말이다.

그렇다고 공부를 안 할 수는 없다. 특히 인생에서 꼭 하고 싶은 무언가를 아직 찾지 못했다거나 뭔가 뾰족한 생각이 아직 없다면 일단 공부하는 게 안전한 선택이다. 나중에 그 뭔가를 위해 선택지를 넓혀주는 게 공부이기 때문이다. 그래서 많은 사람이 참고 공부하는 것이다. 그러나 참는 것조차도 마음처럼 잘 안 된다. 우리는 타고나기를 별로 내키지 않는 공부를 억지로, 계속해서 하는 걸 고통스러워하는 존재이기 때문이다.

그런 관점에서 본다면 평균에 해당하는 사람을 위한 학습법은 이렇듯 다소 괴로운 학습 과정으로부터 그들을 해방시키는 목적으로 냉철히 설계돼야 하며 철저히 목적 지향적이어야 한다. 공부가 싫고 귀찮은 걸 당연하다고 느끼는 이들에게 공부의 즐거움과 행복함을 주입하는 것은 그 나름대로 의미 있는 시도일 수는 있겠으나, 그들을 만족시키고 마음먹은 대로 성과가 나오지 않는 괴로운 상황에서 벗어나게 해주는 '학습법'의 지향점은 아니다. 오히려 그런 즐거움과 행복함에 대한 건 배움에 대한 철학과 교육적 이념의 실천에 가깝다고 할 것이다.

이러한 이유로 위기주도학습법은 매섭게 학습자를 몰아붙이는 방식으로 설계되었다. 위기주도학습법은 학습자가 처한 위기 상황을 배경으로 이미 구조화된 상실과 손실의 불안감 그리고 공포감을 학습자가 견디며, 유일한 해결책인 공부에 집중하게끔 유도한다. 당연히 그 과정에서 정신적인 스트레스와 부담감이 수반된다. 그리고 그런 스트레스와 부담감이 있어서, 평균에 해당하는 사람조차 다른 유혹에 빠진다거나 포기하지 않고 오로지 자신에게 닥친 위기가 현실이 되지 않도록 최선을 다할 수밖에 없는 것이다. 좀 극단적인 비유이기는 하지만, 학습자가 스스로 독가스가 스며드는 밀실 안에 들어간 다음, 도망치려고 발버둥 치는 것과 같다. 그러나 누구라도 이걸 평생 할 수는 없다. 능숙하게 이 학습법을 사용하는 사람은 적재적소에 잘 활용하겠지만, 이를 라이프스타일로 삼기에는 몹시 부담스러운 개념이다. 따라서 매사 자신을 위기로 내몰고 이를 처리하는 불행한 일이 없기를 희망한다. 우리가 가지고 있는 걸 빼앗길 위험에 매번 노출되고, 만성적으로 그 불안감에 찌들어 사는 것은 별로 추천하고 싶지 않다.

위기 상황을 자주 조성하여 사고방식이 변하는 것 또한 경계해야 한다. 우리는 위기를 피하려는 본능이 있고, 이러한 본능적 회피 성향을 적극 활용해 이를 학습이라는 게임의 룰에 유리하게 적용할 수는 있다. 그러나 위기 상황에 대한 대응과 회피는 우리 본능의 일부에 지나지 않는다. 무엇보다 필자가 이 책에서 멋대로 본능이라고 말한 인간의 몇 가지 특징 역시 우리의 일부분에 지나지 않는다. 무언가를 잃지 않으려고 필사적으로 노력하는 모습이 우리를 대표하는 특성이나 그 자체가 될 수는 없다.

그것이 그렇게 자랑스러운 모습도 아니고 말이다. 당장 떠오르는 억만장자들만 생각해봐도 그렇다. 제프 베조스, 빌 게이츠, 워런 버핏, 일론 머스크와 같은 세계 최고의 거부들은 확실히 위기에 떠밀려 사는 것 같지는 않다. 물론 그들도 위기가 닥치면 그에 걸맞은 치열함을 보여주겠지만, 아무튼 그들은 매 순간 위기에서 도망치려고 사는 것 같지는 않다.

　결정적으로 위기주도학습법은 주어진 구체적 목표나 성과가 있을 때만 유효하다. 아무것도 없는 백지상태에서 무엇이 성취이고 무엇이 성공인지부터 스스로 그려내야 하는 상황에서는 무엇을 이루지 못했을 때 어떠한 것을 잃게 되는지가 명확하지 않아 위기의 모습이 뚜렷하게 그려지지 않는다. 학문의 영역, 연구의 영역, 끊임없는 탐구의 영역에서 과연 위기주도학습법을 적절히 활용할 수 있을지 의문이다. 그래서 이름은 학습법이지만 학습이 지닌 광의를 포괄할 수 없는, 좁디좁은 학습법이기도 하다. 따라서 이 책에 서술된 학습 관련 내용, 특히 위기주도학습법은 '평균인'이 국내 교육 환경과 수험 환경에서 경쟁하는 데에 활용할 만한 행동 조작의 방법이자 도구적 개념에 불과하다는 것을, 독자들께서는 잘 이해해주시고 용도에 맞게 압축적으로 사용해주셨으면 하는 바람이다.

위기주도학습법을 실천하라고 해서 매 순간 위기의식을 느껴야겠다고 결심했다면, 모든 게 잘못된 것이다. 그보다는 다시 공부해야겠다고 마음을 다잡는 불필요한 갈등을 겪지 않고 오로지 공부에만 집중할 수 있도록 마음의 길을 터주는 것에 가깝다. 자신이 공부에 관해 세운 구체적 목표와 성과를 달성하는 데 다른 길로 새지 않고 앞으로 나아갈 수 있도록 도와주는 도구인 것이다. 당신은 이 도구를 써먹을 마음의 준비가 되었는가? 그럼 지금이야말로 위기주도학습을 할 때다.

인생에서 반드시 공부를 해야만 하는 때, 힘껏 앞으로 나아가시길

필자는 직접 경험한 내용과 그 경험을 통한 깨달음에서 비롯된 소재들을 얼기설기 기워서 이 책을 구성하였다. 내용을 전개해 나가는데 상당 부분은 귀납적 논증에 의존했고, 이를 바탕으로 구체적인 공부법을 소개하고자 했다. 엄밀하게 따지면 직관에 의존해 우격다짐으로 선언해버린 부분도 있고, 이미 알려진 과학적 근거를 가져다가 적어놓았음에도 논리 전개가 억지춘향은 아닌지 고민했던 부분도 있다. 그럼에도 집필하는 데 있어 타협하지 않으려는 기준은 분명히 있었다. 근거 없는 성공담을 나열한다거나 '야, 너도 할 수 있어'와 같은, 책임지지 못할 이야기는 절대 담지 않으려고 노력했다. 그 결과 불필요한 부분이나 어렵게 쓰인 부분이 많은 게 아닌지 걱정이 앞선다.

내용의 흐름과 서술 방식에 대한 필자의 변이 어떠하건, 이 책을 통해 자신 있게 이야기할 수 있는 것은 이 책은 필자의 체험과 노하우에 기반해 나름대로 고심한 분석적 사유를 거쳐 저술하였다는 점이다. 이 책은 평균에 해당하는 사람들, 공부에 대해 고민하는 독자들에게 오로지 필자가 진실하다고 믿는 공부법의 내용만을 담았다. 책 전체에 걸쳐 평균에 해당하는 사람을 평균인이라 지칭하며 '평균인'의 능력, '평균인'의 소질과 '평균인'의 취향과 같은 폭력적 단어와 개념을 감히 재단해 제멋대로 써버린 것도 다른 의도는 없다. 오로지 독자들의 이익에 부합하는 책을 쓰겠다는 다짐에서 비롯된 것이다.

아마도 이 책을 집어 든 독자 중 상당수는 필자의 학력, 이력, 매체에서 다뤄진 학습 능력이나 학업에 대한 식견을 보고 선택하셨을지 모르겠다. 김빠지는 이야기이겠지만 이 책을 거듭 읽는다고 하여 필자와 같은 학업 성취를 이룰 수 있다는 보장은 없다. 그렇지만 앞서 말했듯 이 책에 기술한 학습 방법들을 활용한 덕분에 필자는 더 효율적으로 공부할 수 있었고, 더 나은 결과를 만들어낼 수 있었다. 그리고 이 방법은 필자만 할 수 있는 특별한 방법이 아니라 독자 대부분이 마음만 먹으면 할 수 있다고 생각한다. 필자만 할 수 있는 방법은 애초에 없을뿐더러, 이 책에

적으려고 하지도 않았다.

이 책의 서두에도 밝혀두었지만, 아마도 책을 덮으면 필자가 두서없이 떠든 내용 중 대부분은 잊어버릴 것이다. 경험에 따르면 필자도 아무리 감명 깊게 읽은 책일지라도 읽고 나서 얼마 지나지 않아 많은 부분을 까먹었기 때문이다. 다만 그 와중에도 구조적 개선과 위기주도학습법, 이 2가지가 무엇이었는지 기억이 난다면 이 책은 제 몫을 다한 것이다. 그 기억을 자신의 학습 과정에 적용하여 본인의 방식으로 풀어내 성과를 내는 분들이 생긴다면, 그야말로 큰 기쁨이 될 것 같다. 공부만으로도 힘든데 위기를 조성하여 그 위기감과 불안감까지 견디라는 게 편하지는 않겠지만, 그래도 이 방법을 통해 자신이 원하는 목표에 가닿으시길, 인생에서 반드시 공부를 해야만 하는 때에 지치지 말고 힘껏 달려보시길, 오늘도 결심만 하다가 자괴감에 빠지지 마시길 바란다.

나만의 위기주도학습법을 설계하라

1. 지금 나의 공부(업무)를 가장 방해하는 3가지 요소는 무엇인가?

------

2. 그 방해 요소를 효과적으로 제거하는 구조적 방법을 2가지 이상 생각해보라.

------

3. 나는 무엇을 잃거나 빼앗길 때 공포감을 느끼는가?

----

4. 1~3번 답변 내용을 공부(업무) 과정에 적용해 공부(업무)에만 열중해야 하는 위기 조건을 구체화해보라.

위기주도학습법

초판 1쇄 발행 2022년 3월 31일
초판 6쇄 발행 2022년 4월 21일

글 임현서

편집인 이기웅
책임편집 양수인
편집 주소림, 안희주, 김혜영, 한의진
디자인 MALLYBOOK 최윤선, 정효진, 민유리
책임마케팅 정재훈, 김서연, 김예진, 김지원, 박시온, 류지현, 문수민, 김소희, 김찬빈
마케팅 유인철
경영지원 김희애, 박혜정, 박하은, 최성민
제작 제이오

펴낸이 유귀선
펴낸곳 ㈜바이포엠 스튜디오
출판등록 제2020-000145호(2020년 6월 10일)
주소 서울시 강남구 테헤란로 332, 에이치제이타워 20층
이메일 odr@studioodr.com

ⓒ 임현서

ISBN 979-11-91043-60-0 (03370)

스튜디오오드리는 ㈜바이포엠 스튜디오의 출판브랜드입니다.